LES
RESSOURCES
DE
QUINOLA

COMÉDIE EN CINQ ACTES

PAR

H. DE BALZAC

ÉDITION CONFORME A LA REPRÉSENTATION

PARIS

MICHEL LÉVY FRÈRES, LIBRAIRES ÉDITEURS

RUE VIVIENNE, 2 BIS, ET BOULEVARD DES ITALIENS, 15

A LA LIBRAIRIE NOUVELLE

—

M DCCC LXIV

LES RESSOURCES

DE

QUINOLA

COMÉDIE

Représentée sur le théâtre du Vaudeville,
le 12 octobre 1863

ŒUVRES COMPLÈTES DE H. DE BALZAC

Nouvelle édition, complète en 45 volumes, à 1 fr. 25 c. le vol. (Chaque volume se vend séparément.)

CLASSIFICATION D'APRÈS LES INDICATIONS DE L'AUTEUR

COMÉDIE HUMAINE

SCÈNES DE LA VIE PRIVÉE

T. 1. — LA MAISON DU CHAT-QUI-PELOTE. Le bal de Sceaux. La Bourse. La Vendetta. Mme Firmiani. Une double Famille.

T. 2. — LA PAIX DU MÉNAGE. La fausse Maîtresse. Étude de Femme. Autre Étude de femme. La Grande Bretèche. Albert Savarus.

T. 3. — MÉMOIRES DE DEUX JEUNES MARIÉES. Une Fille d'Ève.

T. 4. — LA FEMME DE TRENTE ANS. La Femme abandonnée. La Grenadière. Le Message. Gobseck.

T. 5. — LE CONTRAT DE MARIAGE. Un Début dans la vie.

T. 6. MODESTE MIGNON.

T. 7. BÉATRIX.

T. 8. — HONORINE. Le colonel Chabert. La Messe de l'Athée. L'Interdiction. Pierre Grassou.

SCÈNES DE LA VIE DE PROVINCE

T. 9. — URSULE MIROUET.

T. 10. — EUGÉNIE GRANDET.

T. 11. — LES CÉLIBATAIRES. I. Pierrette. Le Curé de Tours.

T. 12. — LES CÉLIBATAIRES. II. Un Ménage de Garçon.

T. 13. — LES PARISIENS EN PROVINCE. L'illustre Gaudissart. La Muse du département.

T. 14. LES RIVALITÉS. La Vieille Fille. Le Cabinet des Antiques.

T. 15. — LE LIS DANS LA VALLÉE.

T. 16. — ILLUSIONS PERDUES. I. Les Deux poëtes. Un Grand homme de province à Paris.

T. 17. — ILLUSIONS PERDUES. II. Un Grand homme de province. Ève et David.

SCÈNES DE LA VIE PARISIENNE

T. 18. — SPLENDEURS ET MISÈRES DES COURTISANES. Esther heureuse. A combien l'amour revient aux vieillards. Où mènent les mauvais chemins.

T. 19. — LA DERNIÈRE INCARNATION DE VAUTRIN. Un Prince de la Bohême. Un homme d'affaires. Gaudissart II. Les Comédiens sans le savoir.

T. 20. — HISTOIRE DES TREIZE. Ferragus. La Duchesse de Langeais. La Fille aux yeux d'or.

T. 21. — LE PÈRE GORIOT.

T. 22. — CÉSAR BIROTTEAU.

T. 23. LA MAISON NUCINGEN. Les Secrets de la princesse de Cadignan. Les Employés. Sarrasine. Facino Cane.

T. 24. — LES PARENTS PAUVRES. I. La Cousine Bette.

T. 25 — LES PARENTS PAUVRES, II. Le Cousin Pons.

SCÈNES DE LA VIE POLITIQUE

T. 26. — UNE TÉNÉBREUSE AFFAIRE. Un Épisode sous la Terreur.

T. 27. — L'ENVERS DE L'HISTOIRE CONTEMPORAINE. Mme de la Chanterie. L'Initié. Z. Marcas.

T. 28. — LE DÉPUTÉ D'ARCIS.

SCÈNES DE LA VIE MILITAIRE

T. 29. — LES CHOUANS. Une Passion dans le Désert.

SCÈNES DE LA VIE DE CAMPAGNE

T. 30. — LE MÉDECIN DE CAMPAGNE.

T. 31. — CURÉ DE VILLAGE.

T. 32. — LES PAYSANS.

ÉTUDES PHILOSOPHIQUES

T. 33. — PEAU DE CHAGRIN.

T. 34. — LA RECHERCHE DE L'ABSOLU. Jésus-Christ en Flandre. Melmoth réconcilié. Le Chef-d'œuvre inconnu.

T. 35. — L'ENFANT MAUDIT. Gambara. Massimilia Doni.

T. 36. — LES MARANA. Adieu. Le Réquisitionnaire. El Verdugo. Un Drame au bord de la mer. L'Auberge rouge. L'Elixir de longue vie. Maître Cornélius.

T. 37. — SUR CATHERINE DE MÉDICIS. Le Martyr calviniste. La confidence des Ruggieri. Les Deux rêves.

T. 38. — LOUIS LAMBERT. Les Proscrits. Séraphita.

ÉTUDES ANALYTIQUES

T. 39. — PHYSIOLOGIE DU MARIAGE.

T. 40. — PETITES MISÈRES DE LA VIE CONJUGALE.

CONTES DROLATIQUES

T. 41. 1er *dixain*. — LA BELLE IMPÉRIA. Le Péché véniel. La Mye du Roy. L'Héritier du diable. Les Joyeulsetés du roy Loys le unziesme. La Connestable. La Pucelle de Thillhouse. Le Frère d'armes. Le Curé d'Azay-le-Rideau. L'Apostrophe.

T. 42. 2e *dixain*. — LES TROIS CLERCS DE SAINCT-NICHOLAS. Le Jeusne de François premier. Les Bons proupos des religieuses de Poissy. Comment feut basty le chasteau d'Azay. La Faulse courtisane. Le dangier d'estre trop coquebin. La Chiere nuictée d'amour. Le Prosne du joyeulx curé de Meudon. Le Succube. Desespérance d'amour.

T. 43. 3e *dixain*. — Persévérance d'amour. D'ung iusticiard qui ne se remembroyt les chouses. Sur le moyne Amador, qui feut un glorieux abbé de Turpenay. Berthe la repentie. Comment la belle fille de Portillon quinaulda son iuge. Cy est remoustré que la fortune est touiours femelle. D'ung paouvre qui avoyt nom le Vieulx par chemins. Dires incongrus de trois pèlerins. Naïveté. La Belle Impéria mariée.

THÉATRE

T. 44. — VAUTRIN, drame en 5 actes. Les Ressources de Quinola, comédie en 5 actes et un prologue. Paméla Giraud, pièce en 5 actes.

T. 45. — LA MARATRE, drame intime en 5 actes et 8 tableaux. Le Faiseur (Mercadet), comédie en 5 a. (entièrement conforme au manuscrit de l'auteur).

IMP. DE L. TOINON ET Cᵉ, A SAINT-GERMAIN·

LES RESSOURCES

DE

QUINOLA

COMÉDIE EN CINQ ACTES

EN NEUF TABLEAUX, DONT UN PROLOGUE

PAR

H. DE BALZAC

ÉDITION CONFORME A LA REPRÉSENTATION

PARIS

MICHEL LÉVY FRÈRES, LIBRAIRES ÉDITEURS

RUE VIVIENNE, 2 BIS, ET BOULEVARD DES ITALIENS, 15

A LA LIBRAIRIE NOUVELLE

1864

PERSONNAGES

QUINOLA. . . . . MM. Félix.
DON RAMON. . . . . Parare.
PHILIPPE II. . . . . Febvre.
MONIPODIO. . . . . Munié.
FONTANARÈS. . . . . Laroche.
LOTHUNDIAZ. . . . . Chaumont.
DON FREGOSE . . . . Nertann.
GRAND INQUISITEUR. . . . . Joliet.
SARPI. Robert.
AVALOROS. . . . . Colson.
MATHIEU MAGIS. . . . . Qicquier.
DUC D'OLMÉDO. . . . . Paul Cléves.
CAPITAINE DES GARDES. . . . . Bastien.
GIRONE . . . . Grivot.
ESTEBAN. . . . . Judicis.
COPPOLUS . . . . Turlin.
FAUSTINE . . . . Mmes Jane Essler.
MASIE . . . . Béatrix.
LA REINE. . . . . Duplessy.
MADAME DE MONDÉJAR. . . . . M.-Brindeau.
DONA LOPEZ. . . . . Colbrun.
PAQUITA. . . . . Roquier.

LES

RESSOURCES DE QUINOLA

PROLOGUE

PREMIER TABLEAU

La scène est à Valladolid, dans le palais du roi d'Espagne. Le théâtre représente la galerie qui conduit à la chapelle. L'entrée de la chapelle est à gauche du spectateur, celle des appartements royaux est à droite. L'entrée principale est au fond. De chaque côté de la principale porte, il y a deux hallebardiers. — Au lever du rideau, le capitaine des gardes et trois seigneurs sont en scène. Un alcade du palais est debout au fond de la galerie. Quelques courtisans se promènent dans le salon qui précède la galerie.

SCÈNE PREMIÈRE

LE CAPITAINE DES GARDES, QUINOLA, enveloppé dans son manteau, UN HALLEBARDIER.

LE HALLEBARDIER. Il barre la porte à Quinola.

On n'andre bointe sans en affoir le troide. Ki ê dù ?

QUINOLA, levant la hallebarde.

Ambassadeur. (On le regarde.)

LE HALLEBARDIER.

T'où ?

QUINOLA. Il passe.

D'où ! Du pays de misère.

LE CAPITAINE DES GARDES.

Allez chercher le majordome du palais pour rendre à cet ambassadeur-là les honneurs qui lui sont dus. (Au hallebardier.) Trois jours de prison.

1

QUINOLA, au capitaine.

Voilà donc comment vous respectez le droit des gens!
Écoutez, monseigneur, vous êtes bien haut, je suis bien bas;
avec deux mots, nous allons nous trouver de plain-pied.

LE CAPITAINE.

Tu es un drôle très-drôle.

QUINOLA, le prend à part.

N'êtes-vous pas le cousin de la marquise de Mondéjar?

LE CAPITAINE.

Après ?

QUINOLA.

Quoiqu'en très-grande faveur, elle est sur le point de rou-
ler dans un abîme... sans sa tête.

LE CAPITAINE.

Tous ces gens-là font des romans!... Écoute; tu es le
vingt-deuxième, et nous sommes au dix du mois, qui tente
de s'introduire ainsi près de la favorite, pour lui soutirer
quelques pistoles. Détale... ou sinon...

QUINOLA.

Monseigneur, il vaut mieux parler à tort vingt-deux fois
à vingt-deux pauvres diables, que de manquer à entendre
celui qui vous est envoyé par votre bon ange; et vous voyez,
qu'à peu de chose près (il ouvre son manteau), j'en ai le costume.

LE CAPITAINE.

Finissons, quelle preuve donnes-tu de ta mission ?

QUINOLA lui tend une lettre.

Ce petit mot, remettez-le vous-même pour que ce secret
demeure entre nous, et faites-moi pendre si vous ne voyez la
marquise tomber en pâmoison à cette lecture. Croyez que je
professe, avec l'immense majorité des Espagnols, une aver-
sion radicale pour... la potence.

LE CAPITAINE.

Et si quelque femme ambitieuse t'avait payé ta vie pour
avoir celle d'une autre ?

QUINOLA.

Serais-je en guenilles ? Ma vie vaut celle de César. Tenez,
monseigneur (il décachète la lettre, la sent, la replie et la lui rend),
êtes-vous content?

LE CAPITAINE, à part.

J'ai le temps encore. (A Quinola.) Reste là, j'y vais.

SCÈNE II

QUINOLA, seul, sur le devant de la scène, en regardant le capitaine.

Marche donc! O mon cher maître! si la torture ne t'a pas brisé les os, tu vas donc sortir des cachots de la s... la très-sainte inquisition, délivré par votre pauvre caniche de Quinola! Pauvre!... qui est-ce qui a parlé de pauvre? Une fois mon maître libre, nous finirons bien par monnayer nos espérances. Quand on a su vivre à Valladolid, depuis six mois sans argent, et sans être pincé par les alguazils, on a de petits talents qui, s'ils s'appliquaient à... autre chose, mèneraient un homme où... ailleurs enfin! Si nous savions où nous allons, personne n'oserait marcher... Je vais donc parler au roi, moi, Quinola. Dieu des gueux! donne-moi l'éloquence... de... d'une jolie femme, de la marquise de Mondéjar...

SCÈNE III

QUINOLA, LE CAPITAINE DES GARDES.

LE CAPITAINE, à Quinola.

Voici cinquante doublons que t'envoie la marquise pour te mettre en état de paraître ici convenablement.

QUINOLA. Il verse l'or d'une main dans l'autre.

Ah! ce rayon de soleil s'est bien fait attendre! Je reviens, monseigneur, pimpant comme le valet de cœur, dont j'ai pris le nom; Quinola pour vous servir, Quinola, bientôt seigneur d'immenses domaines où je rendrai la justice, dès que. . (à part) je ne la craindrai plus pour moi.

SCÈNE IV

LE CAPITAINE DES GARDES, LE DUC DE LERME, Courtisans.

LE CAPITAINE, seul, sur le devant de la scène.

Quel secret ce misérable a-t-il donc surpris? (Au duc de Lerme.) Duc de Lerme, y a-t-il quelque chose de nouveau dans Valladolid?

LE DUC DE LERME, bas.

Le duc d'Olmédo aurait été, dit-on, assassiné ce matin, à trois heures, au petit jour, à quelques pas du jardin de l'hôtel Mondéjar.

LE CAPITAINE.

Il est bien capable de s'être fait un peu assassiner pour perdre ainsi ma cousine dans l'esprit du roi, qui, semblable aux grands politiques, tient pour vrai tout ce qui est probable.

LE DUC DE LERME.

On dit que l'inimitié du duc et de la marquise n'est qu'une feinte, et que l'assassin ne peut pas être poursuivi.

LE CAPITAINE.

Duc, ceci ne doit pas se répéter sans une certitude, et ne s'écrirait alors qu'avec une épée teinte de mon sang.

LE DUC DE LERME.

Vous m'avez demandé des nouvelles... (Le duc et les courtisans se retirent.)

SCÈNE V

LE CAPITAINE DES GARDES, LA MARQUISE DE MONDÉJAR.

LE CAPITAINE.

Ah! mais voici ma cousine! (A la marquise.) Chère marquise, vous êtes encore bien agitée. Au nom de notre salut, contenez-vous, on va vous observer.

LA MARQUISE.

Cet homme est-il revenu ?

LE CAPITAINE.

Mais comment un homme placé si bas peut-il vous causer de telles alarmes ?

LA MARQUISE.

Il tient ma vie dans ses mains; plus que ma vie, car il tient aussi celle d'un autre qui, malgré les plus habiles précautions, excite la jalousie...

LE CAPITAINE.

Du roi... Aurait-il donc fait assassiner le duc d'Olmédo, comme on le dit ?

LA MARQUISE.

Hélas!... je ne sais plus qu'en penser... Me voilà seule, sans secours .. et peut-être bientôt abandonnée.

LE CAPITAINE.

Comptez sur moi... Je vais être au milieu de tous nos ennemis, comme le chasseur à l'affût.

SCÈNE VI

LES MÊMES, QUINOLA.

QUINOLA.

Je n'ai plus que trente doublons, mais je fais de l'effet pour soixante... Hein! quel parfum ? La marquise pourra me parler sans crainte...

LA MARQUISE, montrant Quinola.

Est-ce là notre homme?

LE CAPITAINE.

Oui.

LA MARQUISE.

Mon cousin, veillez à ce que je puisse causer sans être écoutée... (A Quinola.) Qui êtes-vous, mon ami?

QUINOLA, à part.

Son ami! tant qu'on a le secret d'une femme, on est toujours son ami. (Haut.) Madame, je suis un homme au-dessus de toutes les considérations et des toutes les circonstances.

LA MARQUISE.

On va bien haut ainsi!

QUINOLA.

Est-ce une menace ou un avis?

LA MARQUISE.

Mon cher, vous êtes un impertinent!

QUINOLA.

Ne prenez pas la perspicacité pour de l'impertinence. Vous voulez m'étudier avant d'en venir au fait, je vais vous dire mon caractère : mon vrai nom est Lavradi. En ce moment, Lavradi devrait être en Afrique pour dix ans, aux présides, une erreur des alcades de Barcelone. Quinola est la conscience, blanche comme vos belles mains, de Lavradi. Quinola ne connaît pas Lavradi. L'âme connaît-elle le corps? Vous pourriez faire rejoindre l'âme — Quinola, au corps — Lavradi, d'autant plus facilement que ce matin, Quinola se trouvait à la petite porte de votre jardin, avec les amis de l'aurore qui ont arrêté le duc d'Olmédo...

LA MARQUISE.

Que lui est-il arrivé?

QUINOLA.

Lavradi profiterait de ce moment plein d'ingénuité pour demander sa grâce; mais Quinola est gentilhomme.

LA MARQUISE.

Vous vous occupez beaucoup trop de vous...

QUINOLA.

Et pas assez de lui... c'est juste. Le duc nous a pris pour de vils assassins, nous lui demandions seulement, d'un peu trop bonne heure, un emprunt hypothéqué sur nos rapières. Le fameux Majoral qui nous commandait, vivement pressé par le duc, a été forcé de le mettre hors de combat par une petite botte dont il a le secret.

LA MARQUISE.

Ah! mon Dieu!...

QUINOLA.

Le bonheur vaut bien cela, madame.

LA MARQUISE, à part.

Du calme, cet homme a mon secret.

QUINOLA.

Quand nous avons vu que le duc n'avait pas un maravédis,
— quelle imprudence! — on l'a laissé là. Comme j'étais de
tous ces braves gens le moins compromis, on m'a chargé de
le reconduire; en remettant ses poches à l'endroit, j'ai
trouvé le billet que vous lui avez écrit; et, en m'informant
de votre position à la cour, j'ai compris...

LA MARQUISE.

Que ta fortune était faite ?

QUINOLA.

Du tout... que ma vie était en danger.

LA MARQUISE.

Eh bien ?

QUINOLA.

Vous ne devinez pas? Votre billet est entre les mains d'un
homme sûr, qui, s'il m'arrivait le moindre mal, le remettrait
au roi. Est-ce clair et net?

LA MARQUISE.

Que veux-tu ?

QUINOLA.

A qui parlez-vous ? à Quinola ou à Lavradi?

LA MARQUISE.

Lavradi aura sa grâce. Que veut Quinola ? entrer à mon
service ?

QUINOLA.

Les enfants trouvés sont gentilshommes : Quinola vous
rendra votre billet sans vous demander un maravédis, sans
vous obliger à rien d'indigne de vous, et il compte que vous
vous dispenserez d'en vouloir à la tête d'un pauvre diable
qui porte sous sa besace le cœur du Cid.

LA MARQUISE.

Comme tu vas me coûter cher, drôle ?

QUINOLA.

Vous me disiez tout à l'heure : mon ami.

LA MARQUISE.

N'étais-tu pas mon ennemi ?

QUINOLA.

Sur cette parole, je me lie à vous, madame, et vais vous
dire tout... Mais là... ne riez pas... vous le promettez... Je
veux...

LA MARQUISE.

Tu veux ?

QUINOLA.

Je veux... parler au roi... là, quand il passera pour aller
à la chapelle ; rendez-le favorable à ma requête.

LA MARQUISE.

Mais que lui demanderas-tu ?

QUINOLA.

La chose la plus simple du monde, une audience pour mon
maître.

LA MARQUISE.

Explique-toi, le temps presse.

QUINOLA.

Madame, je suis le valet d'un savant ; et, si la marque du
génie est la pauvreté, nous avons beaucoup trop de génie,
madame.

LA MARQUISE.

Au fait.

QUINOLA.

Le seigneur Alfonso Fontanarès est venu de la Catalogne
ici pour offrir au roi notre maître le sceptre de la mer. A
Barcelone, on l'a pris pour un fou, ici pour un sorcier. Quand
on a su ce qu'il promet, on l'a berné dans les antichambres.
Celui-ci voulait le protéger pour le perdre, celui-là mettait
en doute notre secret pour le lui arracher : c'était un savant ;
d'autres lui proposaient d'en faire une affaire : des capita-
listes qui voulaient l'entortiller. De la façon dont allaient les
choses, nous ne savions que devenir. Personne assurément
ne peut nier la puissance de la mécanique et de la géomé-
trie, mais les plus beaux théorèmes sont peu nourrissants, et
le plus petit civet est meilleur pour l'estomac : vraiment,
c'est un défaut de la science. Cet hiver, mon maître et moi,
nous nous chauffions de nos projets et nous remâchions nos
illusions... Eh bien, madame, il est en prison, car on l'accuse
d'être au mieux avec le diable ; et malheureusement, cette
fois, le saint-office a raison, nous l'avons vu constamment
au fond de notre bourse. Eh bien, madame, je vous en sup-
plie, inspirez au roi la curiosité de voir un homme qui lui
apporte une domination aussi étendue que celle que Colomb
a donnée à l'Espagne.

L MARQUISE.

Mais depuis que Colomb a donné le Nouveau-Monde à ·
l'Espagne, on nous en offre un tous les quinze jours !

QUINOLA.

Ah! madame, chaque homme de génie a le sien. Sangue
de mi ! il est si rare de faire honnêtement sa fortune et celle de
l'État, sans rien prendre aux particuliers, que le phénomène
mérite d'être favorisé.

LA MARQUISE.

Enfin, de quoi s'agit-il ?

QUINOLA.

Encore une fois, ne riez pas, madame ! Il s'agit de faire
aller les vaisseaux sans voiles, ni rames, malgré le vent, au
moyen d'une marmite pleine d'eau qui bout.

LA MARQUISE.

Ah çà ! d'où viens-tu ? Que dis-tu ? Rèves-tu ?

QUINOLA.

Et voilà ce qu'ils nous chantent tous ! Ah! vulgaire, tu es
ainsi fait que l'homme de génie qui a raison dix ans avant
tout le monde, passe pour un fou pendant vingt-cinq ans. Il
n'y a que moi qui croie en cet homme, et c'est à cause de
cela que je l'aime : comprendre, c'est égaler.

LA MARQUISE.

Que, moi, je dise de telles sornettes au roi?

QUINOLA.

Madame, il n'y a que vous dans toute l'Espagne à qui le
roi ne dira pas ; taisez-vous!

LA MARQUISE.

Tu ne connais pas le roi, et je le connais moi. (A part.) Il faut
ravoir ma lettre. (Haut.) Il se présente une circonstance heureuse pour ton maître : on apprend en ce moment au roi la
perte de l'armada; tiens-toi sur son passage et tu lui
parleras. (Elle sort.)

SCÈNE VII

LE CAPITAINE DES GARDES, les Courtisans,
QUINOLA.

QUINOLA, sur le devant.

Il ne suffit donc pas d'avoir du génie et d'en user, il faut
encore des circonstances : une lettre trouvée qui mette une
favorite en péril, pour obtenir une langue qui parle, et la
perte de la plus grande des flottes, pour ouvrir les oreilles à
un prince. Le hasard est un fameux misérable ! Allons! dans

le duel de Fontanarès avec son siècle, voici pour son pauvre second le moment de se montrer! (On entend les cloches, on porte les armes.) Est-ce un présage du succès? (Au capitaine des gardes.) Comment parle-t-on au roi?

LE CAPITAINE.

Tu t'avanceras, tu plieras le genou, tu diras : Sire!... Et prie Dieu de conduire ta langue. (Le cortége défile.)

QUINOLA.

Je n'aurai pas la peine de me mettre à genoux, ils plient déjà, car il ne s'agit pas seulement d'un homme, mais d'un monde.

UN PAGE.

La reine!

UN PAGE.

Le roi! (Tableau.)

SCÈNE VIII

LES MÊMES, PHILIPPE II, LA REINE, LA MARQUISE DE MONDÉJAR, LE GRAND INQUISITEUR, TOUTE LA COUR.

PHILIPPE II.

Messieurs, nous allons prier Dieu qui vient de frapper l'Espagne. L'Angleterre nous échappe, l'armada s'est perdue et nous ne vous en voulons point. Amiral, (il se tourne vers l'amiral) vous n'aviez pas mission de combattre les tempêtes.

QUINOLA.

Sire! (Il plie un genou.)

PHILIPPE II.

Qui es-tu?

QUINOLA.

Le plus petit et le plus dévoué de vos sujets, le valet d'un homme qui gémit dans les prisons du saint-office, accusé de magie pour vouloir donner à Votre Majesté les moyens d'éviter de pareils désastres...

PHILIPPE II.

Si tu n'es qu'un valet, lève-toi. Les grands doivent seuls, ici, fléchir devant le roi.

QUINOLA.

Mon maître restera donc à vos genoux.

PHILIPPE II.

Explique-toi promptement : le roi n'a pas dans sa vie autant d'instants qu'il a de sujets.

1.

QUINOLA.

Vous devez alors une heure à un empire. Mon maître, le seigneur Alfonso Fontanarès, est dans les prisons du saint-office...

PHILIPPE II, au grand inquisiteur.

Mon père, (le grand inquisiteur s'approche) que pouvez-vous nous dire d'un certain Alfonso Fontanarès ?

LE GRAND INQUISITEUR.

C'est un élève de Galilée, il professe sa doctrine condamnée et se vante de pouvoir faire des prodiges en refusant d'en dire les moyens.

QUINOLA, à part.

Cette face blême va tout gâter... (Au roi.) Sire, mon maître, pour toute sorcellerie, est amoureux fou, d'abord de la gloire de Votre Majesté, puis d'une fille de Barcelone, héritière de Lothundiaz, le plus riche bourgeois de la ville. Comme il avait ramassé plus de science que de richesse en étudiant les sciences naturelles en Italie, le pauvre garçon ne pouvait réussir à épouser cette fille que couvert de gloire et d'or... Et voyez, sire, comme on calomnie les grands hommes : il fit, dans son désespoir, un pèlerinage à Notre-Dame del Pilar, pour la prier de l'assister, parce que celle qu'il aime se nomme Marie. Au sortir de l'église, il s'assit fatigué sous un arbre, s'endormit, la madone lui apparut et lui conseilla cette invention de faire marcher les vaisseaux sans voiles, sans rames, contre vent et marée. Il est venu vers vous, sire : on s'est mis entre le soleil et lui, et après une lutte acharnée avec les nuages, il expie sa croyance en Notre-Dame del Pilar et en son roi. Il ne lui reste que son valet assez courageux pour venir mettre à vos pieds l'avis qu'il existe un moyen de réaliser la domination universelle.

PHILIPPE II.

Je verrai ton maître au sortir de la chapelle.

LE GRAND INQUISITEUR.

Le roi ne court-il pas des dangers?

PHILIPPE II.

Mon devoir est de l'interroger.

LE GRAND INQUISITEUR.

Le mien est de faire respecter les priviléges du saint-office.

PHILIPPE II.

Je les connais. Obéis et tais-toi. Je te dois un otage, je le le sais... (Il regarde.) Où donc est le duc d'Olmédo?

QUINOLA, à part.

Aïe! aïe!

LA MARQUISE, à part.

Nous sommes perdus.

LE CAPITAINE DES GARDES.

Sire, le duc n'est pas encore... arrivé...

PHILIPPE II.

Qui lui a donné la hardiesse de manquer aux devoirs de
sa charge ? (A part.) Il me semble que l'on me trompe. (Au
capitaine des gardes.) Tu lui diras, s'il arrive, que le roi l'a com-
mis à la garde d'un prisonnier du saint-office. (Au grand
inquisiteur.) Donnez un ordre.

LE GRAND INQUISITEUR.

Sire, j'irai moi-même.

LA REINE.

Et si le duc ne vient pas ?...

PHILIPPE II.

Il serait donc mort. (Au capitaine.) Tu le remplaceras dans
l'exécution de mes ordres. (Il passe.)

LA MARQUISE, à Quinola.

Cours chez le duc, qu'il vienne et se comporte comme s'il
n'était pas mourant. La médisance doit être une calomnie...

QUINOLA.

Comptez sur moi, mais protégez-nous. (Seul.) *Sangue de mi !*
le roi m'a paru charmé de mon invention de Notre-Dame
del Pilar, je lui fais vœu... de quoi?... Nous verrons après
le succès.

DEUXIÈME TABLEAU

Un cachot de l'inquisition.

SCÈNE PREMIÈRE

FONTANARÈS, seul.

Je comprends maintenant pourquoi Colomb a voulu que
ses chaînes fussent mises près de lui dans son cercueil.
Quelle leçon pour les inventeurs! Une grande découverte
est une *vérité*. La vérité ruine tant d'*abus* et d'*erreurs*, que
tous ceux qui en vivent se dressent et veulent tuer la vérité :
ils commencent par s'attaquer à l'homme. Aux novateurs,
la patience! j'en aurai. Malheureusement, ma patience me

vient de mon amour. Pour avoir Marie, je rêve la gloire et je cherchais... Je vois voler au-dessus d'une chaudière un brin de paille. Tous les hommes ont vu cela depuis qu'il y a des chaudières et de la paille ; moi j'y vois une force ; pour l'évaluer, je couvre la chaudière, le couvercle saute et il ne me tue pas. Archimède et moi, nous ne faisons qu'un ! il voulait un levier pour soulever le monde : ce levier, je le tiens, et j'ai la sottise de le dire : tous les malheurs fondent sur moi. Si je meurs, homme de génie à venir qui retrouveras ce secret, agis et tais-toi. La lumière que nous découvrons, on nous la prend pour allumer notre bûcher. Galilée, mon maître, est en prison pour avoir dit que la terre tourne, et j'y suis pour la vouloir organiser. Non ! j'y suis comme un rebelle à la cupidité de ceux qui veulent mon secret ; si je n'aimais pas Marie, je sortirais ce soir, je leur abandonnerais le profit, la gloire me resterait... Oh ! rage... La rage est bonne pour les enfants : soyons calme, je suis puissant. Si du moins j'avais des nouvelles du seul homme qui ait foi en moi ? Est-il libre, lui qui mendiait pour me nourrir... La foi n'est que chez le pauvre, il en a tant besoin !

SCÈNE II

FONTANARÈS, LE GRAND INQUISITEUR, un Familier.

LE GRAND INQUISITEUR.

Eh bien, mon fils ? vous parliez de foi, peut-être avez-vous fait de sages réflexions. Allons, évitez au saint-office l'emploi de ses rigueurs.

FONTANARÈS.

Mon père, que souhaitez-vous que je dise ?

LE GRAND INQUISITEUR.

Avant de vous mettre en liberté, le saint-office doit être sûr que vos moyens sont naturels...

FONTANARÈS.

Mon père, si j'avais fait un pacte avec le mauvais esprit, me laisserait-il ici ?

LE GRAND INQUISITEUR.

Vous dites une parole impie : le démon a un maître, nos auto-da-fé le prouvent.

FONTANARÈS.

Avez-vous jamais vu un vaisseau en mer ? (Le grand inquisiteur fait un signe affirmatif.) Par quel moyen allait-il ?

LE GRAND INQUISITEUR.

Le vent enflait ses voiles.

FOETANARÈS.

Est-ce le démon qui a dit ce moyen au premier navigateur

LE GRAND INQUISITEUR.

Savez-vous ce qu'il est devenu ?

FONTANARÈS.

Peut-être est-il devenu quelque puissance maritime oubliée... Enfin mon moyen est aussi naturel que le sien : j'ai vu comme lui dans la nature une force, et que l'homme peut s'approprier, car le vent est à Dieu; l'homme n'en est pas le maître, le vent emporte ses vaisseaux, et ma force à moi est dans le vaisseau.

LE GRAND INQUISITEUR, à part.

Cet homme sera bien dangereux. (Haut) Et vous refusez de nous la dire!...

FONTANARÈS.

Je la dirai au roi, devant toute la cour; personne alors ne me ravira ma gloire ni ma fortune.

LE GRAND INQUISITEUR.

Vous vous dites inventeur, et vous ne pensez qu'à la fortune! Vous êtes plus ambitieux qu'homme de génie.

FONTANARÈS.

Mon père, je suis si profondément irrité de la jalousie du vulgaire, de l'avarice des grands, de la conduite des faux savants, que... si je n'aimais pas Marie, je rendrais au hasard ce que le hasard m'a donné.

LE GRAND INQUISITEUR.

Le hasard !

FONTANARÈS.

J'ai tort. Je rendrais à Dieu la pensée que Dieu m'envoya.

LE GRAND INQUISITEUR.

Dieu ne vous l'a pas envoyée pour la cacher, nous avons le droit de vous faire parler... (A son familier.) Qu'on prépare la question. (Le familier sort)

FONTANARÈS.

Je l'attendais.

SCÈNE III

LES MÊMES, QUINOLA, LE DUC D'OLMÉDO.

QUINOLA.

Ça n'est pas sain, la torture.

FONTANARÈS.

Quinola ! et dans quelle livrée !

QUINOLA.

Celle du succès, vous serez libre.

FONTANARÈS.

Libre? Passer de l'enfer au ciel, en un moment ?

LE DUC D'OLMÉDO.

Comme les martyrs.

LE GRAND INQUISITEUR.

Monsieur, vous osez dire ces paroles ici !

LE DUC D'OLMÉDO.

Je suis chargé, par le roi, de vous retirer cet homme des mains, et je vous en réponds...

LE GRAND INQUISITEUR.

Quelle faute !

QUINOLA.

Ah ! vous vouliez le faire bouillir dans vos chaudières pleines d'huile, merci ! Les siennes vont nous faire faire le tour du monde... comme ça ! (Il fait tourner son chapeau.)

FONTANARÈS.

Embrasse-moi donc, et dis-moi comment...

LE DUC D'OLMÉDO.

Pas un mot ici...

QUINOLA.

Oui (il montre les talons de l'inquisiteur), car les murs ont ici beaucoup trop d'intelligence. Venez. Et vous, monsieur le duc, courage ! Ah ! vous êtes bien pâle, il faut vous rendre des couleurs ; mais ça me regarde.

TROISIÈME TABLEAU

Un galerie du Palais.

SCÈNE PREMIÈRE

LE DUC D'OLMÉDO, LE DUC DE LERME, FONTANARÈS,
QUINOLA.

LE DUC D'OLMÉDO.

Nous arrivons à temps !

LE DUC DE LERME.

Vous n'êtes donc pas blessé?

LE DUC D'OLMÉDO.

Qui a dit cela? La favorite veut-elle me perdre? Serais-je ici comme vous me voyez? (A Quinola.) Tiens-toi là pour me soutenir...

QUINOLA, à Fontanarès.

Voilà un homme digne d'être aimé...

FONTANARÈS.

Qui ne l'envierait? On n'a pas toujours l'occasion de montrer combien l'on aime.

QUINOLA.

Monsieur, gardez-vous bien de toutes ces fariboles d'amour devant le roi... car le roi, voyez-vous...

UN PAGE.

Le roi!

FONTANARÈS.

Allons, pensons à Marie!

QUINOLA, voyant faiblir le duc d'Olmédo.

Eh bien? (Il lui fait respirer un flacon.)

SCÈNE II

LES MÊMES, PHILIPPE II, LA REINE, LA MARQUISE DE MONDÉJAR, LE CAPITAINE DES GARDES, LE GRAND INQUISITEUR, LE PRÉSIDENT DU CONSEIL DE CASTILLE, TOUTE LA COUR.

PHILIPPE II, au capitaine des gardes.

Notre homme est-il venu?

LE CAPITAINE.

Le duc d'Olmédo, que j'ai rencontré sur les degrés du palais, s'est empressé d'obéir au roi.

LE DUC D'OLMÉDO, un genou en terre.

Le roi daigne-t-il pardonner un retard... impardonnable.

PHILIPPE II, le relève par le bras blessé.

On te disait mourant.. (Il regarde la marquise) d'une blessure reçue dans une rencontre de nuit.

LE DUC D'OLMÉDO.

Vous me voyez, sire.

LA MARQUISE, à part.

Il a mis du rouge!

PHILIPPE II, au duc.

Où est ton prisonnier?

LE DUC D'OLMÉDO, montrant Fontanarès.

Le voici...

FONTANARÈS, un genou en terre.

Prêt à réaliser, à la très-grande gloire de Dieu, des merveilles pour la splendeur du règne du roi mon maître...

PHILIPPE II.

Lève-toi, parle; quelle est cette force miraculeuse qui doit donner l'empire du monde à l'Espagne?

FONTANARÈS.

Une puissance invincible, la vapeur... Sire, étendue en vapeur, l'eau veut un espace bien plus considérable que sous sa forme naturelle, et pour le prendre elle soulèverait des montagnes. Mon invention enferme cette force : la machine est armée de roues qui fouettent la mer, qui rendent un navire rapide comme le vent, et capable de résister aux tempêtes. Les traversées deviennent sûres, d'une célérité qui n'a de bornes que dans le jeu des roues. La vie humaine s'augmente de tout le temps économisé. Sire, Christophe Colomb vous a donné un monde à trois mille lieues d'ici; je vous le mets à la porte de Cadix, et vous aurez, Dieu aidant, l'empire de la mer.

LA REINE.

Vous n'êtes pas étonné, sire?

PHILIPPE II.

L'étonnement est une louange involontaire qui ne doit pas échapper à un roi. (A Fontanarès.) Que me demandes-tu?

FONTANARÈS.

Ce que demanda Colomb, un navire et mon roi pour spectateur de l'expérience.

PHILIPPE II.

Tu auras le roi, l'Espagne et le monde. On te dit amoureux d'une fille de Barcelone. Je dois aller au delà des Pyrénées, visiter mes possessions, le Roussillon, Perpignan. Tu prendras ton vaisseau à Barcelone.

FONTANARÈS.

En me donnant le vaisseau, sire, vous m'avez fait justice ; en me le donnant à Barcelone, vous me faites une grâce qui change votre sujet en esclave.

PHILIPPE II.

Perdre un vaisseau de l'État, c'est risquer la tête. La loi le veut ainsi...

FONTANARÈS.

Je le sais, et j'accepte.

PHILIPPE II.

Eh bien, hardi jeune homme, réussis à faire aller contre
le vent, sans voiles ni rames, ce vaisseau comme il irait par
un bon vent. Et toi, — ton nom ?

FONTANARÈS.

Alfonso Fontanarès.

PHILIPPE II.

Tu seras don Alfonso Fontanarès, duc de... Neptunado,
grand d'Espagne...

LE DUC DE LERME.

Sire... les statuts de la grandesse...

PHILIPPE II.

Tais-toi, duc de Lerme. Le devoir d'un roi est d'élever
l'homme de génie au-dessus de tous, pour honorer le rayon
de lumière que Dieu met en lui.

LE GRAND INQUISITEUR.

Sire...

PHILIPPE II.

Que veux-tu ?

LE GRAND INQUISITEUR.

Nous ne retenions pas cet homme parce qu'il avait un
commerce avec le démon, ni parce qu'il est impie, ni parce
qu'il était d'une famille soupçonnée d'hérésie ; mais pour la
sûreté des monarchies. En permettant aux esprits de se communiquer leurs pensées, l'imprimerie a déjà produit Luther,
dont la parole a eu des ailes. Mais cet homme va faire, de
tous les peuples, un seul peuple ; et, devant cette masse, le
saint-office a tremblé pour la royauté.

PHILIPPE II.

Tout progrès vient du ciel.

LE GRAND INQUISITEUR.

Le ciel n'ordonne pas tout ce qu'il laisse faire.

PHILIPPE II.

Notre devoir consiste à rendre bonnes les choses qui paraissent mauvaises, à faire de tout un point du cercle dont
le trône est le centre. Ne vois-tu pas qu'il s'agit de réaliser
la domination universelle que voulait mon glorieux père?...
(A Fontanarès.) Donc, grand d'Espagne de première classe, et
je mettrai sur ta poitrine la Toison d'or : tu seras enfin grand
maître des constructions navales de l'Espagne et des Indes...
(A un ministre.) Président, tu expédieras aujourd'hui même,
sous peine de me déplaire, l'ordre de mettre à la disposition

de cet homme, dans notre port de Barcelone, un vaisseau à son choix, et... qu'on ne fasse aucun obstacle à son entreprise.

QUINOLA.

Sire...

PHILIPPE II.

Que veux-tu ?

QUINOLA.

Pendant que vous y êtes, accordez, sire, la grâce d'un misérable nommé Lavradi, condamné par un alcade qui était sourd.

PHILIPPE II.

Est-ce une raison pour que le roi soit aveugle?

QUINOLA.

Indulgent, sire, c'est presque la même chose.

FONTANARÈS.

Grâce pour le seul homme qui m'ait soutenu dans ma lutte!

PHILIPPE II, au ministre.

Cet homme m'a parlé, je lui ai tendu la main; tu expédieras des lettres de grâce entière.

LA REINE, au roi.

Si cette homme (elle montre Fontanarès) est un de ces grands inventeurs que Dieu suscite, don Philippe, vous aurez fait une belle journée.

PHILIPPE II, à la reine.

Il est bien difficile de distinguer entre un homme de génie et un fou; mais si c'est un fou, mes promesses valent les siennes.

QUINOLA, à la marquise.

Voici votre lettre, mais, entre nous, n'écrivez plus.

LA MARQUISE.

Nous sommes sauvés. (La cour suit le roi qui rentre.)

SCÈNE III

FONTANARÈS, QUINOLA.

FONTANARÈS.

Allons! Quinola !

QUINOLA.

Où?

FONTANARÈS.

A Barcelone.

QUINOLA.

Non... au cabaret... Si l'air de la cour donne bon appétit
aux courtisans, il me donne soif, à moi... Et après, mon glorieux maître, vous verrez à l'œuvre votre Quinola; car ne
nous abusons pas : entre la parole du prince et le succès,
nous rencontrerons autant de jaloux, de chicaniers, d'ergo-
teurs, de malveillants, d'animaux crochus, rapaces, voraces,
écumeurs de grâces, vos charançons enfin! que nous en
avons trouvé entre vous et le roi.

FONTANARÈS.

Et pour obtenir Marie, il faut réussir.

QUINOLA.

Et pour nous donc !

ACTE PREMIER

QUATRIÈME TABLEAU

A BARCELONE

Une place publique. — A gauche du spectateur, des maisons parmi lesquelles est celle de Lothundiaz qui fait encoignure de rue. — A droite, se trouve le palais où loge madame Brancadori, dont le balcon fait face au spectateur et tourne. On entre par l'angle du palais à droite, et par l'angle de la maison de Lothundiaz. — Au lever du rideau il fait encore nuit; mais le jour va poindre.

SCÈNE PREMIÈRE

MONIPODIO, enveloppé dans un manteau, assis sous le balcon du palais Brancadori, QUINOLA se glisse avec des précautions de voleur, et frôle Monipodio.

MONIPODIO.

Qui marche ainsi dans mes souliers ?

QUINOLA, déguenillé comme à son entrée au prologue.

Un gentilhomme qui n'en a plus.

MONIPODIO.

On dirait la voix de Lavradi.

QUINOLA.

Monipodio!... je te croyais... pendu.

MONIPODIO.

Je te croyais roué de coups en Afrique.

QUINOLA.

Hélas! on en reçoit partout.

MONIPODIO.

Tu as l'audace de te promener ici ?

QUINOLA.

Tu y restes bien. Moi j'ai dans ma résille mes lettres de grâce. En attendant un marquisat et une famille, je me nomme Quinola.

MONIPODIO.

A qui donc as-tu volé la grâce ?

QUINOLA.

Au roi.

MONIPODIO.

Tu as vu le roi ? (Il le flaire.) Et tu sens la misère...

QUINOLA.

Comme un grenier de poëte. Et que fais-tu ?

MONIPODIO.

Rien.

QUINOLA.

C'est bientôt fait; si ça te donne des rentes, je me sens du goût pour ta profession.

MONIPODIO.

J'étais bien incompris, mon ami! Traqué par nos ennemis politiques...

QUINOLA.

Les corrégidors, alcades et alguazils.

MONIPODIO.

Il a fallu prendre un parti.

QUINOLA.

Je te devine : de gibier, tu t'es fait chasseur !

MONIPODIO.

Fi donc! je suis toujours moi-même. Seulement, je m'entends avec le vice-roi. Quand un de mes hommes a comblé la mesure, je lui dis : Va-t'en! et s'il ne s'en va pas, ah ! dame ! la justice... Tu comprends... Ce n'est pas trahir?

QUINOLA.

C'est prévoir...

MONIPODIO.

Oh! tu reviens de la cour. Et que veux-tu prendre ici ?

QUINOLA.

Écoute? (A part.) Voilà mon homme, un œil dans Barcelone. (Haut.) D'après ce que tu viens de me dire, nous sommes amis comme...

MONIPODIO.

Celui qui a mon secret doit être mon ami...

QUINOLA.

Qu'attends-tu là comme un jaloux? Viens mettre une outre à sec et notre langue au frais dans un cabaret: voici le jour...

MONIPODIO.

Ne vois-tu pas ce palais éclairé par une fête? Don Frégose, mon vice-roi, soupe et joue chez madame Faustina
Brancadori.

QUINOLA.

Brancadori. Le beau nom! Elle doit être veuve d'un patricien.

MONIPODIO.

Vingt-deux ans, fine comme le musc, gouvernant le gouverneur, et (ceci entre nous) l'ayant déjà diminué de tout
ce qu'il a ramassé sous Charles-Quint dans les guerres
d'Italie. Ce qui vient de la flûte...

QUINOLA.

A pris l'air. L'âge de notre vice-roi?

MONIPODIO.

Il accepte cinquante ans.

QUINOLA.

Et l'on parle du premier amour! Je ne connais rien de terrible comme le dernier, il est strangulatoire. Suis-je heureux
de m'être élevé jusqu'à l'indifférence! Je pourrais être un
homme d'État...

MONIPODIO.

Ce vieux général est encore assez jeune pour m'employer
à surveiller la Brancadori ; elle, me paye pour être libre ;
et... comprends-tu comment je mène joyeuse vie en ne fai-
sant pas le mal ?

QUINOLA.

Et tu tâches de tout savoir, curieux, pour mettre le poing
sous la gorge à l'occasion. (Monipodio fait un signe affirmatif.)
Lothundiaz existe-t il toujours ?

MONIPODIO.

Voilà sa maison, et ce palais est à lui : toujours de plus
en plus propriétaire.

QUINOLA.

J'espérais trouver sa fille, l'héritière, maîtresse d'elle-
même. Mon maître est perdu !

MONIPODIO.

Tu rapportes un maître ?

QUINOLA.

Qui me rapportera plusieurs mines d'or.

MONIPODIO.

Ne pourrais-je entrer à son service ?

QUINOLA.

Je compte bien sur ta collaboration ici... Écoute, Monipodio ; nous revenons changer la face du monde. Mon maître a promis au roi de faire marcher un des plus beaux vaisseaux, sans voiles, ni rames.

MONIPODIO, après avoir tourné autour de Quinola.

On m'a changé mon ami.

QUINOLA.

Monipodio, souviens-toi que des hommes comme nous ne doivent s'étonner de rien. C'est bon pour les petites gens. Le roi nous a donné le vaisseau, mais sans un doublon pour l'aller chercher. Nous arrivons donc ici avec les deux fidèles compagnons du talent : la faim et la soif. Un homme pauvre qui trouve une bonne idée m'a toujours fait l'effet d'un morceau de pain dans un vivier : chaque poisson vient lui donner un coup de dent. Nous pourrons arriver à la gloire nus et mourants.

MONIPODIO.

Tu es dans le vrai.

QUINOLA.

A Valladolid, un matin, mon maître, las du combat, a failli partager avec un savant qui ne savait rien... je vous l'ai mis à la porte avec une proposition en bois vert que je lui ai démontrée, et vivement.

MONIPODIO.

Mais comment pourrons-nous gagner honnêtement une fortune ?

QUINOLA.

Mon maître est amoureux. L'amour fait faire autant de sottises que de grandes choses : Fontanarès a fait les grandes choses, il pourrait bien faire les sottises. Il s'agit, à nous deux, de protéger notre protecteur. D'abord, mon maître est un savant qui ne sait pas compter...

MONIPODIO.

Oh ! prenant un maître, tu l'as dû choisir...

QUINOLA.

Je le connais ; il nous donnera ou nous laissera prendre de quoi finir nos jours en honnêtes gens.

MONIPODIO.

Eh ! voilà mon rêve.

QUINOLA.

Déployons donc, pour une grande entreprise, nos talents jusqu'ici fourvoyés... Nous aurions bien du malheur si le diable s'en fâchait.

MONIPODIO.

Ça vaudra presque un voyage à Compostelle. J'ai la foi du contrebandier : je tope.

QUINOLA.

Tu ne dois pas avoir rompu avec l'atelier des faux monnayeurs, et nos ouvriers en serrurerie.

MONIPODIO.

Dame ! dans l'intérêt de l'État...

QUINOLA.

Mon maître va faire construire sa machine, j'aurai les modèles de chaque pièce, nous en fabriquerons une seconde...

MONIPODIO.

Quinola !

QUINOLA.

Eh bien ?

MONIPODIO.

Tu es le grand homme !

QUINOLA.

Je le sais bien. Invente, et tu mourras persécuté comme un criminel ; copie, et tu vivras heureux comme un sot ! Et d'ailleurs, si Fontanarès périssait, pourquoi ne sauverais-je pas son invention pour le bonheur de l'humanité ?

MONIPODIO.

D'autant plus que, selon un vieil auteur, nous sommes l'humanité... Il faut que je t'embrasse...

QUINOLA, à part.

Après une dupe honnête je ne sais rien de meilleur qu'un fripon qui s'abuse. (Haut) Tu es déjà dans les chausses du vice-roi, dans la poche de la Brancadori. Ça va bien ! Fais un miracle ! habille-nous d'abord ; puis, si nous ne trouvons pas à nous deux, en consultant un flacon de liqueur, quelque moyen de faire revoir à mon maître sa Marie Lothundiaz, je ne réponds de rien... Il ne me parle que d'elle depuis deux jours, et j'ai peur qu'il n'extravague tout à fait...

MONIPODIO.

L'infante est gardée comme un homme à pendre. Voici pourquoi : Lothundiaz a eu deux femmes ; la première était pauvre et lui a donné un fils. La fortune est à la seconde, qui en mourant a laissé tout à sa fille, de manière qu'elle n'en puisse être dépouillée. Le bonhomme est d'une avarice dont le but est l'avenir de son fils. Sarpi, le secrétaire du

vice-roi, pour épouser la riche héritière, a promis à Lothundiaz de le faire anoblir, et s'intéresse énormément à ce
fils...

QUINOLA.

Bon ! déjà un ennemi...

MONIPODIO.

Aussi faut-il beaucoup de prudence. Écoute, je vais te
donner un mot pour Matthieu Magis, le plus fameux Lombard de la ville et à ma discrétion. Vous y trouverez tout,
depuis des diamants jusqu'à des souliers.

QUINOLA.

Et notre infante ?

MONIPODIO.

Attends. (Il va frapper.)

SCÈNE II

MONIPODIO, DONA LOPEZ.

DONA LOPEZ.

Que voulez-vous ?

MONIPODIO.

Les frères de notre ordre ont eu des nouvelles de votre
cher Lopez...

DONA LOPEZ.

Il vivrait ?

MONIPODIO.

En conduisant la señorita Marie au couvent des Dominicains, faites le tour de la place, vous y verrez un homme
échappé d'Alger qui vous parlera de Lopez.

DONA LOPEZ.

Bonté du ciel, pourrai-je le racheter ?

MONIPODIO.

Sachez d'abord à quoi vous en tenir sur son compte : s'il
était... musulman ?

DONA LOPEZ.

Mon cher Lopez ! je vais faire dépêcher la señorita. (Elle
rentre.)

SCÈNE III

MONIPODIO, QUINOLA, FONTANARÈS.

FONTANARÈS.

Enfin, Quinola, nous voilà sous ses fenêtres.

QUINOLA.

Elle va venir !

FONTANARÈS.

Marie !

QUINOLA.

Surtout, monsieur, de la prudence ; n'allez pas vous livrer à des hélas ! qui pourraient faire ouvrir les yeux à la duègne.

SCÈNE IV

Les Mêmes, DONA LOPEZ, MARIE.

MONIPODIO, à la duègne, en lui montrant Quinola.

Voilà le chrétien qui sort de captivité.

QUINOLA, à la duègne.

Ah ! madame, je vous reconnais au portrait que le seigneur Lorenzo me faisait de vos charmes... (Il l'emmène.)

SCÈNE V

MONIPODIO, MARIE, FONTANARÈS.

MARIE.

Est-ce bien lui ?

FONTANARÈS.

Oui, Marie, et j'ai réussi, nous serons heureux.

MARIE.

Ah ! si vous saviez combien j'ai prié pour votre succès !

FONTANARÈS.

J'ai des millions de choses à vous dire ; mais il en est une que je devrais vous dire un million de fois pour tout le temps de mon absence.

MARIE.

Si vous me parlez ainsi, je croirai que vous ne savez pas quel est mon attachement : il se nourrit bien moins de flatteries que de tout ce qui vous intéresse.

FONTANARÈS.

Ce qui m'intéresse, Marie, est d'apprendre, avant de

m'engager dans une affaire capitale, si vous aurez le courage de résister à votre père, qui, dit-on, veut vous marier.

MARIE.

Ai-je donc changé ?

FONTANARÈS.

Aimer, pour nous autres hommes, c'est craindre ! vous êtes si riche, je suis si pauvre. On ne vous tourmentait point en me croyant perdu, mais nous allons avoir le monde entre nous. Vous êtes mon étoile ! brillante et loin de moi. Si je ne savais pas vous trouver à moi au bout de ma lutte, oh ! malgré le triomphe, je mourrais de douleur.

MARIE.

Vous ne me connaissez donc pas ? Seule, presque recluse en votre absence, le sentiment si pur qui m'unit à vous depuis l'enfance a grandi comme ta... destinée ! Quand ces yeux qui te revoient avec tant de bonheur seront à jamais fermés ; quand ce cœur qui ne bat que pour Dieu, pour mon père et pour toi, sera desséché, je crois qu'il restera toujours de moi sur terre une âme qui t'aimera encore ! Doutes-tu maintenant de ma constance ?

FONTANARÈS.

Après avoir entendu de telles paroles, quel martyre n'endurerait-on pas ?

SCÈNE VI

Les Mêmes, LOTHUNDIAZ.

LOTHUNDIAZ.

Cette duègne laisse ma porte ouverte...

MONIPODIO, à part.

Oh ! ces pauvres enfants sont perdus !... (A Lothundiaz.) L'aumône est un trésor qu'on s'amasse dans le ciel.

LOTHUNDIAZ.

Travaille, et tu t'amasseras des trésors ici-bas. (Il regarde.) Je ne vois point ma fille et sa duègne dans leur chemin. (Jeu de scène entre Monipodio et Lothundiaz.)

MONIPODIO.

L'Espagnol est généreux.

LOTHUNDIAZ.

Eh ! laisse-moi, je suis Catalan et suis soupçonneux. (Il aperçoit sa fille et Fontanarès.) Que vois-je ?... ma fille avec un jeune seigneur. (Il court à eux.) On a beau payer des duègnes pour avoir le cœur et les yeux d'une mère, elles vous voleront toujours. (A sa fille.) Comment, Marie, vous, héritière

de dix mille sequins de rente, vous parlez à... Ai-je la ber-
lue ?... c'est ce damné mécanicien qui n'a pas un maravédis. (Monipodio fait des signes à Quinola.)

MARIE.

Alfonso Fontanarès, mon père, n'est plus sans fortune ; il
a vu le roi.

LOTHUNDIAZ.

Je plains le roi.

FONTANARÈS.

Seigneur Lothundiaz, je puis aspirer à la main de votre
belle Marie.

LOTHUNDIAZ.

Ah !...

FONTANARÈS.

Accepterez-vous pour gendre un duc, grand d'Espagne et
favori du roi ? (Lothundiaz cherche autour de lui le duc.)

MARIE.

Mais c'est lui, mon père.

LOTHUNDIAZ.

Toi, que j'ai vu grand comme ça, dont le père vendait du
drap, me prends-tu pour un nigaud ?

SCÈNE VII

Les Mêmes, QUINOLA, DONA LOPEZ.

QUINOLA.

Qui a dit nigaud ?

FONTANARÈS.

Pour cadeau de noces, je vous ferai anoblir, et ma femme
et moi, nous vous laisserons constituer, sur sa fortune, un
majorat pour votre fils...

MARIE.

Eh bien, mon père?

QUINOLA.

Eh bien, monsieur?

LOTHUNDIAZ.

Oh ! c'est ce brigand de Lavradi !

QUINOLA.

Mon maître a fait reconnaître mon innocence par le roi.

LOTHUNDIAZ.

M'anoblir est alors chose bien moins difficile...

QUINOLA.

Ah! vous croyez qu'un bourgeois devient grand seigneur avec les patentes du roi? Voyons. Figurez-vous que je suis marquis de Lavradi. Mon cher, prête-moi cent ducats.

LOTHUNDIAZ.

Cent coups de bâton! cent ducats?... le revenu d'une terre de deux mille écus d'or.

QUINOLA.

Là! voyez-vous?... Et ça veut être noble! Autre chose. Comte Lothundiaz, avancez deux mille écus d'or à votre gendre, pour qu'il puisse accomplir ses promesses au roi d'Espagne.

LOTHUNDIAZ, à Fontanarès.

Et qu'as-tu donc promis?

FONTANARÈS.

Le roi d'Espagne, instruit de mon amour pour votre fille, vient à Barcelone voir marcher un vaisseau sans rames ni voiles, par une machine de mon invention, et nous mariera lui-même.

LOTHUNDIAZ, à part.

Ils veulent me berner. (Haut.) Tu feras marcher les vaisseaux tout seuls, je le veux bien, j'irai voir ça. Ça m'amusera. Mais je ne veux pas pour gendre d'homme à grandes visées. Les filles élevées dans nos familles n'ont pas besoin de prodiges, mais d'un homme qui se résigne à s'occuper de son ménage, et non des affaires du soleil et de la lune. Être bon père de famille est le seul prodige que je veuille en ceci.

FONTANARÈS.

A l'âge de douze ans, votre fille, seigneur, m'a souri comme Béatrix à Dante. Enfant, elle a vu d'abord un frère en moi; puis, quand nous nous sommes sentis séparés par la fortune, elle m'a vu concevant l'entreprise hardie de combler cette distance à force de gloire. Je suis allé pour elle en Italie, étudier avec Galilée. Elle a, la première, applaudi à mon œuvre, elle l'a comprise! elle a épousé ma pensée avant de m'épouser moi-même; elle est ainsi devenue pour moi le monde entier : comprenez-vous maintenant combien je l'idolâtre?

LOTHUNDIAZ.

Et c'est justement pour cela que je ne te la donne pas! Dans dix ans, elle serait abandonnée pour quelque autre découverte à faire...

2.

MARIE.

Quitte-t-on, mon père, un amour qui a fait faire de tels prodiges ?

LOTHUNDIAZ.

Oui, quand il n'en fait plus.

MARIE.

S'il devient duc, grand d'Espagne et riche ?...

LOTHUNDIAZ.

Si ! si ! si !... Me prends-tu pour un imbécile ? Les *si* sont les chevaux qui mènent à l'hôpital tous ces prétendus découvreurs de mondes.

FONTANARÈS.

Mais voici les lettres par lesquelles le roi me donne un vaisseau.

QUINOLA.

Ouvrez donc les yeux ! Mon maître est à la fois homme de génie et joli garçon ; le génie vous offusque et ne vaut rien en ménage, d'accord ; mais il reste le joli garçon : que faut-il de plus à une fille pour être heureuse ?

LOTHUNDIAZ.

Le bonheur n'est pas dans ces extrêmes. Joli garçon et homme de génie, voilà deux raisons pour dépenser les trésors du Mexique. Ma fille sera madame Sarpi.

SCÈNE V III

Les Mêmes, SARPI.

LOTHUNDIAZ.

Sarpi n'est pas allé chercher un vaisseau dans le port de Valladolid, il a fait avancer mon fils d'un grade.

FONTANARÈS.

Par l'avenir de ton fils, Lothundiaz, ne t'avise pas de disposer de ta fille sans son consentement ; elle m'aime et je l'aime. Je serai dans peu (Sarpi paraît) l'un des hommes les plus considérables de l'Espagne, et en état de me venger...

MARIE.

Oh ! contre mon père ?

FONTANARÈS.

Eh bien, dites-lui donc, Marie, tout ce que je fais pour vous mériter.

SARPI.

Un rival ?

QUINOLA, à Lothundiaz.

Monsieur, vous serez damné.

LOTHUNDIAZ.

D'où sais-tu cela ?

QUINOLA.

Ce n'est pas assez : vous serez volé, je vous le jure.

LOTHUNDIAZ.

Pour n'être ni volé, ni damné, je garde ma fille à un homme qui n'aura pas de génie, c'est vrai, mais du bon sens...

FANTANARÈS.

Attendez, du moins.

LOTHUNDIAZ.

Salut, monsieur le secrétaire. (A Fontanarès.) Adieu, mon cher ; votre arrivée est une raison pour moi de presser le mariage. (A Marie.) Allons, rentrez, ma fille. (A la duègne.) Et vous, sorcière, vous allez avoir votre compte. (Ils sortent.)

SARPI, à Fontanarès.

Vous avez donc des prétentions?

FONTANARÈS, à Sarpi.

Des droits !

SCÈNE IX

MONIPODIO, SARPI, FONTANARÈS, QUINOLA.

SARPI.

Des droits?... Ne savez-vous pas que le neveu de fra Paolo Sarpi, parent des Brancadori, créé comte au royaume de Naples, secrétaire de la vice-royauté de Catalogne, prétend à la main de Marie Lothundiaz? En se disant y avoir des droits, un homme fait une insulte à elle et à moi.

FONTANARÈS.

Savez-vous que, depuis cinq ans, moi, Alfonso Fontanarès, à qui le roi, notre maître, a promis le titre de duc de Neptunado, la grandesse et la Toison d'or, j'aime Marie Lothundiaz, et que vos prétentions à l'encontre de la foi qu'elle m'a jurée seront, si vous n'y renoncez, une insulte et pour elle et pour moi ?

SARPI.

Je ne savais pas, monseigneur, avoir un si grand personnage pour rival. Eh bien, futur duc de Neptunado, futur grand, futur chevalier de la Toison d'or, nous aimons la même femme ; et si vous avez la promesse de Marie, j'ai celle du père ; vous attendez des honneurs, j'en ai.

FONTANARÈS.

Tenez, restons-en là. Ne prononcez pas un mot de plus, ne vous permettez pas un regard qui puisse m'offenser... vous seriez un lâche. Eussé-je cent querelles, je ne veux me battre avec personne qu'après avoir terminé mon entreprise et répondu par le succès à l'attente de mon roi. Je me bats en ce moment seul contre tous. Quand j'en aurai fini avec mon siècle, vous me retrouverez... près du roi.

SARPI.

Oh ! nous ne nous quitterons pas.

SCÈNE X

Les Mêmes, FAUSTINE, DON FRÉGOSE, PAQUITA.

FAUSTINE, au balcon.

Que se passe-t-il donc, monseigneur, entre ce jeune homme et votre secrétaire ? Descendons.

QUINOLA, à Monipodio.

Ne trouves-tu pas que mon homme a surtout le talent d'attirer la foudre sur sa tête ?

MONIPODIO.

Il la porte si haut !

SARPI, à don Frégose.

Monseigneur, il arrive en Catalogne un homme comblé, dans l'avenir, des faveurs du roi, notre maître, et que Votre Excellence, selon mon humble avis, doit accueillir comme il le mérite.

DON FRÉGOSE, à Fontanarès.

De quelle maison êtes-vous ?

FONTANARÈS, à part.

Combien de sourires semblables n'ai-je pas déjà dévorés ! (Haut.) Excellence, le roi ne me l'a pas demandé. Voici d'ailleurs sa lettre et celle de ses ministres... (Il remet un paquet.)

FAUSTINE, à Paquita.

Cet homme a l'air d'un roi.

PAQUITA.

D'un roi qui fera des conquêtes.

FAUSTINE, reconnaissant Monipodio.

Monipodio ! sais-tu quel est cet homme ?

MONIPODIO.

Un homme qui va, dit-on, bouleverser le monde.

FAUSTINE.

Ah! voilà donc ce fameux inventeur dont on m'a tant parlé.

MONIPODIO.

Et voici son valet.

DON FRÉGOSE.

Tenez, Sarpi, voici la lettre du ministre, je garde celle du roi, (A Fontanarès.) Eh bien, mon garçon, la lettre du roi me semble positive. Vous entreprenez de réaliser l'impossible! quelque grand que vous vous fassiez, peut-être devriez-vous, dans cette affaire, prendre les conseils de don Ramon, un savant de Catalogne, qui, dans cette partie, a écrit des traités fort estimés...

FONTANARÈS.

En ceci, Excellence, les plus belles dissertations du monde ne valent pas l'œuvre.

DON FRÉGOSE.

Quelle présomption! (A Sarpi.) Sarpi, vous mettrez à la disposition du cavalier que voici le navire qu'il choisira dans le port.

SARPI, au vice-roi.

Êtes-vous sûr que le roi le veuille?

DON FRÉGOSE.

Nous verrons. En Espagne, il faut dire un *Pater* entre chaque pas qu'on fait.

SARPI.

On nous a d'ailleurs écrit de Valladolid.

FAUSTINE, au vice-roi.

De quoi s'agit-il?

DON FRÉGOSE.

Oh! d'une chimère.

FAUSTINE.

Eh! mais, vous ne savez donc pas que je les aime?

DON FRÉGOSE.

D'une chimère de savant que le roi a prise au sérieux, à cause du désastre de l'armada. Si ce cavalier réussit, nous aurons la cour à Barcelone.

FAUSTINE.

Mais nous lui devrons beaucoup.

DON FRÉGOSE, à Faustine.

Vous ne me parlez pas si gracieusement, à moi! (Haut.) Il s'est engagé sur sa tête à faire aller comme le vent, contre le vent, un vaisseau sans rames ni voiles ..

FAUSTINE.

Sur sa tête? Oh! mais, c'est un enfant!

SARPI.

Et le seigneur Alfonso Fontanarès compte sur ce prodige pour épouser Marie Lothundiaz.

FAUSTINE.

Ah! il aime...

QUINOLA, tout bas, à Faustine.

Non, madame, il idolâtre.

FAUSTINE.

La fille de Lothundiaz!

DON FRÉGOSE.

Vous vous intéressez à lui bien subitement.

FAUSTINE.

Quand ce ne serait que pour voir la cour ici, je souhaite que ce cavalier réussisse.

DON FRÉGOSE.

Madame, ne voulez-vous pas venir prendre une collation à la villa d'Avaloros? Une tartane vous attend au port.

FAUSTINE.

Non, monseigneur, cette fête m'a fatiguée, et notre promenade en tartane serait de trop. Je n'ai pas comme vous l'obligation de me montrer infatigable; la jeunesse aime le sommeil, trouvez bon que j'aille me reposer.

DON FRÉGOSE.

Vous ne me dites rien sans y mettre de la raillerie.

FAUSTINE.

Tremblez que je ne vous traite sérieusement! (Faustine, le gouverneur et Paquita sortent.)

SCÈNE XI

AVALOROS, QUINOLA, MONIPODIO, FONTANARÈS, SARPI.

FONTANARÈS, à Monipodio.

Quel est ce personnage?

MONIPODIO.

Avaloros, le plus riche banquier de Catalogne; il a confisqué la Méditerranée à son profit.

QUINOLA.

Je me sens plein de tendresse pour lui.

MONIPODIO.

C'est notre maître à tous !

AVALOROS, à Fontanarès.

Jeune homme, je suis banquier; et, si votre affaire est bonne, après la protection de Dieu et celle du roi, rien ne vaut celle d'un millionnaire.

SARPI, au banquier.

Ne vous engagez à rien... à nous deux, nous saurons bien nous en rendre maîtres.

AVALOROS, à Fontanarès.

Eh bien, mon cher, vous viendrez me voir. (Monipodio lui prend sa bourse.)

SCÈNE XII

MONIPODIO, FONTANARÈS, QUINOLA.

QUINOLA.

Vous vous faites dès l'abord de belles affaires?

MONIPODIO.

Don Frégose est jaloux de vous.

QUINOLA.

Sarpi va vous faire échouer !

MONIPODIO.

Vous vous posez en géant devant des nains qui ont le pouvoir ! Attendez donc le succès pour être fier ! On se fait tout petit, on s'insinue, on se glisse.

QUINOLA.

La gloire?... mais, monsieur, il faut la voler.

FONTANARÈS.

Vous voulez que je m'abaisse?

MONIPODIO.

Tiens ! pour parvenir.

FONTANARÈS.

Bon pour un Sarpi ! Mais que voyez-vous entre le succès et moi ? Ne vais-je pas dans le port choisir une magnifique galère?

QUINOLA.

Ah ! je suis superstitieux en cet endroit. Monsieur, ne prenez pas de galère !

FONTANARÈS.

Je ne vois aucun obstacle.

QUINOLA.

Vous n'en avez jamais vu! Vous avez bien autre chose à découvrir. Eh! monsieur, nous sommes sans argent, sans une auberge où nous ayons crédit, et si je n'avais rencontré ce vieil ami qui m'aime, car on a des amis qui vous détestent, nous serions sans habits...

FONTANARÈS.

Mais elle m'aime! (Marie agite son mouchoir à la fenêtre.) Tiens, vois, mon étoile brille.

QUINOLA.

Eh! monsieur, c'est un mouchoir! Êtes-vous assez dans votre bon sens pour écouter un conseil?... Au lieu de cette espèce de madone, il vous faudrait une marquise de Mondéjar! une de ces femmes à corsage frêle, mais doublé d'acier, capables par amour de toutes les ruses que nous inspire la détresse, à nous... Or, la Brancadori...

FONTANARÈS.

Si tu veux me voir laisser tout là, tu n'as qu'à me parler ainsi! Sache-le bien : l'amour est toute ma force, il est le rayon céleste qui m'éclaire.

QUINOLA.

Là, là, calmez-vous.

MONIPODIO.

Venez au *Soleil-d'Or*, je connais l'hôte, vous aurez crédit.

QUINOLA.

La bataille commence encore plus promptement que je ne le croyais.

FONTANARÈS.

Où trouver de l'argent?

QUINOLA.

On ne vous en prêtera pas, mais nous en achèterons.

FONTANARÈS.

A l'ouvrage donc! l'inventeur va sauver l'amoureux.

ACTE DEUXIÈME

CINQUIÈME TABLEAU

Un salon du palais de madame Brancadori.

SCÈNE PREMIÈRE

AVALOROS, SARPI, PAQUITA.

AVALOROS.

Notre souveraine serait-elle donc vraiment malade ?

PAQUITA.

Elle est en mélancolie.

SARPI.

Va dire à ma chère cousine que le seigneur Avaloros et moi nous attendons son bon plaisir.

PAQUITA.

Je vais décider madame à s'habiller. (Elle sort.)

SCÈNE II

AVALOROS, SARPI.

SARPI.

Pauvre vice-roi ! il est le jeune homme, et je suis le vieillard.

AVALOROS.

Pendant que votre petite cousine en fait un sot, vous déployez l'activité d'un politique, vous préparez au roi la conquête de la Navarre française. Si j'avais une fille, je vous la donnerais. Le bonhomme Lothundiaz n'est pas un sot.

SARPI.

Je comprends cela. Ah ! fonder une grande maison, inscrire un nom dans l'histoire de son pays : être le cardinal Granvelle ou le duc d'Albe.

AVALOROS.

Oui! c'est bien beau Mais, moi, je veux être un grand homme, à bon marché.

SARPI.

Vous! comment ?

AVALOROS.

Ce Fontanarès tient dans sa main l'avenir du commerce.

SARPI.

Vous, qui ne vous attachez qu'au positif, vous y croyez donc ?

AVALOROS.

Depuis la poudre, l'imprimerie et la découverte du nou-veau monde, je suis crédule. On me dirait qu'un homme a trouvé le moyen d'avoir en dix minutes ici des nouvelles de Paris, ou que l'eau contient du feu, ou qu'il y a encore des Indes à découvrir, ou qu'on peut se promener dans les airs, je ne dirais pas non, et je donnerais...

SARPI.

Votre argent?

AVALOROS.

Non, mon attention à l'affaire.

SARPI.

Si le vaisseau marche, vous voulez être à Fontanarès ce qu'Améric est à Christophe Colomb.

AVALOROS.

N'ai-je pas là dans ma poche de quoi payer dix hommes de génie ?

SARPI.

Comment vous y prendrez-vous ?

AVALOROS.

L'argent, voilà le grand secret. Avec de l'argent à perdre, on gagne du temps; avec le temps tout est possible; on rend à volonté mauvaise une bonne affaire; et, pendant que les autres en désespèrent, on s'en empare. L'argent, c'est la vie; l'argent, c'est la satisfaction des besoins et des désirs: dans un homme de génie, il y a toujours un enfant plein de fantaisies; on use l'homme et l'on se trouve tôt ou tard avec l'enfant : l'enfant sera mon débiteur, et l'homme de génie ira en prison.

SARPI.

Et où en êtes-vous?

AVALOROS.

Il s'est défié de mes offres, et non pas lui, mais son valet, et je vais traiter avec le valet.

SARPI.

Je vous tiens : j'ai l'ordre d'envoyer tous les vaisseaux
de Barcelone sur les côtes de France; et, par une précaution
des ennemis que Fontanarès s'est fait à Valladolid, cet ordre
est absolu et postérieur à la lettre du roi.

AVALOROS.

Chassons ensemble. Votre main ? (A part.) Je suis le plus
fort, je tiens le vice-roi par la Brancador.

SARPI, à part.

Nous l'avons assez engraissé, tuons-le; j'ai de quoi le
perdre.

AVALOROS.

Il faudrait avoir ce Quinola dans nos intérêts, et je l'ai
mandé pour tenir conseil avec la Brancadori.

SCÈNE III

LES MÊMES, QUINOLA.

QUINOLA.

Me voici entre deux larrons; ils sont saupoudrés de vertus
et caparaçonnés de belles manières. On nous pend, nous
autres !

SARPI.

Coquin! tu devrais, en attendant que ton maître les fasse
aller par d'autres procédés, conduire toi-même les galères.

QUINOLA.

Le roi, juste appréciateur des mérites, a compris qu'il y
perdrait trop.

SARPI.

Tu seras surveillé.

QUINOLA.

Je le crois bien, et je me surveille moi-même.

AVALOROS.

Vous l'intimidez, c'est un honnête garçon. Voyons? tu
t'es fait une idée de la fortune.

QUINOLA.

Jamais; je l'ai vue à de trop grandes distances.

AVALOROS.

Et quelque chose comme deux mille écus d'or...

QUINOLA.

Quoi? plaît-il? J'ai des éblouissements. Cela existe donc,
deux mille écus d'or? Être propriétaire, avoir sa maison, sa

servante, son cheval, sa femme, ses revenus, être **protégé**
par la Sainte-Hermandad, au lieu de l'avoir à ses trousses,
que faut-il faire?

AVALOROS.

M'aider à réaliser un contrat à l'avantage réciproque de
ton maître et de moi.

QUINOLA.

J'entends! le boucler. Tout beau, ma conscience! Taisez-
vous, ma belle, on vous oubliera pour quelques jours, et
nous ferons bon ménage pour le reste de ma vie.

AVALOROS, à Sarpi.

Nous le tenons.

SARPI, à Avaloros.

Il se moque de nous! il serait bien autrement sérieux.

QUINOLA.

Je n'aurai sans doute les deux mille écus d'or qu'après la
signature du traité?

SARPI, vivement.

Tu peux les avoir auparavant.

QUINOLA.

Bah! (Il tend la main.) Donnez!

AVALOROS.

En me signant des lettres de change... échues.

QUINOLA.

Le grand turc ne présente pas le lacet avec plus de déli-
catesse. Nenni!

SARPI.

Je t'écraserai.

QUINOLA.

Je me ferai si mince que vous ne pourrez pas.

AVALOROS.

Eh! maraud, que veux-tu donc ?

QUINOLA.

Ah! voilà parler d'or.

SCÈNE IV

LES MÊMES, FAUSTINE et PAQUITA.

PAQUITA.

Messieurs, voici madame.

SCÈNE V

Les Mêmes, moins PAQUITA.

QUINOLA, il va au-devant de la Brancadori.

Madame, mon maître parle de se tuer s'il n'a son vaisseau que le comte Sarpi lui refuse depuis un mois; le seigneur Avaloros lui demande la vie en lui offrant sa bourse, comprenez-vous?... (Haut et à la Brancadori.) Il est bien triste !

FAUSTINE, à part.

Il est triste! (Haut.) Eh quoi! vous, Sarpi, vous, Avaloros, pour qui j'ai tant fait, un pauvre homme de génie arrive, et au lieu de le protéger, vous le persécutez!. . (Mouvement chez Avaloros et Sarpi.) Fi!... fi!... vous dis-je. (A Quinola.) Tu vas bien m'expliquer leurs trames contre ton maître.

SARPI, à Faustine.

Ma chère cousine, il ne faut pas beaucoup de perspicacité pour deviner quelle est la maladie qui vous tient depuis l'arrivée de ce Fontanarès.

FAUSTINE.

Après vous avoir mis dans la position où vous êtes, vous ne seriez pas un politique bien fin, si vous ne gardiez mon secret.

SARPI.

Je vous ai trop d'obligations pour être ingrat.

FAUSTINE.

Prouvez-le moi.

SARPI.

A l'instant, madame. (Il sort.)

FAUSTINE, à part.

Il va m'envoyer le vice-roi.

SCÈNE VI

Les Mêmes, moins SARPI.

FAUSTINE.

Seigneur Avaloros, savez-vous que votre privilége sur les blés est un monstrueux abus.

AVALOROS.

Mais, madame, les deux mille écus d'or...

FAUSTINE.

Que je vous dois.

AVALOROS.

Je vous dois, madame, deux mille écus d'or.

FAUSTINE.

Envoyez-moi une quittance de ces deux mille écus d'or et un bon de pareille somme que je ne vous devrai pas.

AVALOROS.

Voici, madame.

FAUSTINE.

C'est très-bien.

AVALOROS.

Serons-nous encore ennemis ?

FAUSTINE.

Votre privilége pour les blés est parfaitement légal.

AVALOROS.

Ah ! madame.

QUINOLA, à part.

Voilà ce qui s'appelle faire des affaires.

FAUSTINE, en tendant le bon à Quinola.

Tiens, Quinola, voici pour les frais de la machine de ton maître.

AVALOROS, à Faustine.

Ne lui donnez pas, madame, il peut le garder pour lui. Et d'ailleurs, soyez prudente, attendez...

QUINOLA, à part.

Je passe de la Torride au Groënland ; quel jeu que la vie !

FAUSTINE.

Vous avez raison. (A part.) Il vaut mieux que je sois l'arbitre du sort de Fontanarès. (A Avaloros.) Si vous tenez à vos priviléges, pas un mot.

AVALOROS.

Rien de discret comme les capitaux. (Il sort.)

SCÈNE VII

FAUSTINE, QUINOLA.

FAUSTINE.

Tu dis donc qu'il est triste ?

QUINOLA.

Tout est contre lui. (Il se fait un jeu de scène entre Faustine et Quinola à propos du bon de deux mille écus qu'elle tient à la main.)

FAUSTINE.

Mais il sait lutter ?

QUINOLA.

Voici deux ans que nous nageons dans les difficultés, et nous nous sommes vus quelquefois à fond : le gravier est bien dur.

FAUSTINE.

Oui, mais quelle force, quel génie !

QUINOLA.

Voilà, madame, les effets de l'amour.

FAUSTINE.

Et qui maintenant aime-t-il ?

QUINOLA.

Toujours Marie Lothundiaz !

FAUSTINE.

Une poupée !

QUINOLA.

Une vraie poupée ! Tenez, madame, je voudrais, par un moyen honnête, que cette poupée fût au fond... non... mais d'un couvent.

FAUSTINE.

Tu me parais être un brave garçon.

QUINOLA.

J'aime mon maître. Voyez-vous, madame, cette fille...

FAUSTINE.

Cette fille doit être à jamais perdue pour lui.

QUINOLA.

Mais s'il en mourait, madame ?

FAUSTINE.

Il l'aime donc bien !

QUINOLA.

Ah ! ce n'est pas ma faute ! De Valladolid ici, je lui ai mille fois soutenu cette thèse, qu'un homme comme lui devait adorer les femmes, mais en aimer une seule, jamais...

FAUSTINE.

Tu es un bien mauvais drôle ! Va dire à Lothundiaz de venir me parler et de m'amener lui-même ici sa fille. (A part.) Elle ira au couvent.

QUINOLA, à part.

Voilà l'ennemi, elle nous aime trop pour ne pas nous faire beaucoup de mal. (Quinola sort en rencontrant don Frégose.)

SCÈNE VIII

FAUSTINE, FRÉGOSE.

FRÉGOSE.

En attendant le maître, vous tâchiez de corrompre le valet.

FAUSTINE.

Une femme doit-elle perdre l'habitude de séduire?

FRÉGOSE.

Madame, vous avez des façons peu généreuses : j'ai cru qu'une patricienne de Venise ménagerait les susceptibilités d'un vieux soldat.

FAUSTINE.

Eh ! monseigneur, vous tirez plus de parti de vos cheveux blancs qu'un jeune homme ne le ferait de la plus belle chevelure, et vous y trouvez plus de raisons que de... (Elle rit.) Quittez donc cet air fâché.

FRÉGOSE.

Puis-je être autrement en vous voyant vous compromettre, vous que je veux pour femme? N'est-ce donc rien qu'un des plus beaux noms de l'Italie à porter ?

FAUSTINE.

Le trouvez-vous donc trop beau pour une Brancadori ?

FRÉGOSE.

Vous aimez mieux descendre jusqu'à un Fontanarès.

FAUSTINE.

Mais s'il peut s'élever jusqu'à moi ? quelle preuve d'amour ! D'ailleurs, vous le savez par vous-même, l'amour ne raisonne point.

FRÉGOSE.

Ah ! vous me l'avouez.

FAUSTINE.

Vous êtes trop mon ami pour ne pas savoir le premier mon secret.

FRÉGOSE.

Madame!... oui, l'amour est insensé! je vous ai livré plus que moi-même!... Hélas! je voudrais avoir le monde pour vous l'offrir. Vous ne savez donc pas que votre galerie de tableaux m'a coûté presque toute ma fortune... Et que je vous donnerais jusqu'à mon honneur ?

SCÈNE IX

Les Mêmes, PAQUITA.

FAUSTINE, à Paquita.

Dis à mon majordome de faire porter les tableaux de ma galerie chez don Frégose.

FRÉGOSE.

Paquita, ne répétez pas cet ordre.

FAUSTINE.

L'autre jour, m'a-t-on dit, la reine Catherine de Médicis fit demander à madame Diane de Poitiers les bijoux qu'elle tenait de Henri II : Diane les lui a renvoyés fondus en un lingot. Paquita, va chercher le bijoutier.

FRÉGOSE.

N'en faites rien, et sortez. (Paquita sort.)

SCÈNE X

Les Mêmes, moins PAQUITA.

FAUSTINE.

Je ne suis point encore la marquise de Frégose, comment osez-vous donnez des ordres chez moi ?

FRÉGOSE.

C'est à moi d'en recevoir, je le sais. Ma fortune vaut-elle une de vos paroles ? pardonnez à un mouvement de désespoir.

FAUSTINE.

On doit être gentilhomme jusque dans son désespoir. Ah ! vous voulez être adoré ?... Mais la dernière Vénitienne vous dirait que cela coûte très-cher.

FRÉGOSE.

J'ai mérité cette colère.

FAUSTINE.

Vous dites aimer ? Aimer ! c'est se dévouer sans attendre la moindre récompense ; aimer ! c'est vivre sous un autre soleil auquel on tremble d'atteindre. N'habillez pas votre égoïsme des splendeurs du véritable amour. Une femme mariée, Laure de Noves a dit à Pétrarque : Tu seras à moi sans espoir, reste dans la vie sans amour. Mais l'Italie a couronné l'amant sublime en couronnant le poëte, et les siècles à venir admireront toujours Laure et Pétrarque!

FRÉGOSE.

Je n'aimais déjà pas beaucoup les poëtes, mais celui-là, je l'exècre! Toutes les femmes jusqu'à la fin du monde le jetteront à la tête des amants qu'elles voudront garder sans les prendre.

FAUSTINE.

On vous dit général, vous n'êtes qu'un soldat.

FRÉGOSE.

Eh bien, en quoi puis-je imiter ce maudit Pétrarque?

FAUSTINE.

Si vous dites m'aimer, vous éviterez à un homme de génie (mouvement de surprise de don Frégose), oh! il en a, le martyre que veulent lui faire subir des Myrmidons. Soyez grand, servez-le! Vous souffrirez, je le sais, mais servez-le; je pourrai croire alors que vous m'aimez, et vous serez plus illustre par ce trait de générosité que par votre prise de Mantoue.

FRÉGOSE.

Devant vous, ici, tout m'est possible, mais vous ne savez donc pas dans quelles fureurs je tomberai tout en vous obéissant?

FAUSTINE.

Ah! vous vous plaindriez de m'obéir?

FRÉGOSE.

Vous le protégez, vous l'admirez, soit; mais vous ne l'aimez pas?

FAUSTINE.

On lui refuse le vaisseau donné par le roi, vous lui en ferez la remise, irrévocable, à l'instant.

FRÉGOSE.

Et je l'enverrai vous remercier.

FAUSTINE.

Eh bien, vous voilà comme je vous aime.

SCÈNE XI

FAUSTINE, seule.

Et il y a pourtant des femmes qui souhaitent d'être hommes!

SCÈNE XII

FAUSTINE, PAQUITA, LOTHUNDIAZ, MARIE.

PAQUITA.

Madame, voici Lothundiaz et sa fille. (Paquita sort.)

SCÈNE XIII

LES MÊMES, moins PAQUITA.

LOTHUNDIAZ.

Ah ! madame, vous avez fait de mon palais un royaume !...

FAUSTINE, à Marie.

Mon enfant, mettez-vous là près de moi. (A Lothundiaz.) Vous pouvez vous asseoir.

LOTHUNDIAZ.

Vous êtes bien bonne, madame ; mais permettez-moi d'aller voir cette fameuse galerie dont on parle dans toute la Catalogne. (Il sort.)

SCÈNE XIV

FAUSTINE, MARIE.

FAUSTINE.

Mon enfant, je vous aime et sais en quelle situation vous vous trouvez. Votre père veut vous marier à mon cousin Sarpi, tandis que vous aimez Fontanarès.

MARIE.

Depuis cinq ans, madame.

FAUSTINE.

A seize ans on ignore ce que c'est que d'aimer.

MARIE.

Qu'est-ce que cela fait, si j'aime ?

FAUSTINE.

Aimer, mon ange, pour nous, c'est se dévouer.

MARIE.

Je me dévouerai, madame.

FAUSTINE.

Voyons ? renonceriez-vous à lui, pour lui, dans son in-térêt ?

MARIE.

Ce serait mourir ; mais ma vie est à lui.

FAUSTINE, en se levant.

Vous n'avez jamais quitté la maison paternelle, vous ne connaissez rien du monde ni de ses nécessités, qui sont ter-ribles ! Souvent un homme périt pour avoir rencontré soit une femme qui l'aime trop, soit une femme qui ne l'aime pas : Fontanarès peut se trouver dans cette situation. Il a des ennemis puissants ; sa gloire, qui est toute sa vie, est entre leurs mains ; vous pouvez les désarmer.

MARIE.

Que faut-il faire ?

FAUSTINE.

En épousant Sarpi, vous assureriez le triomphe de votre cher Fontanarès ; mais une femme ne saurait conseiller un pareil sacrifice ; il doit venir, il viendra de vous. Agissez d'abord avec ruse Pendant quelque temps, quittez Barcelone. Retirez-vous dans un couvent.

MARIE.

Ne plus le voir ? Si vous saviez, il passe tous les jours à une certaine heure sous mes fenêtres, cette heure est toute ma journée.

SCÈNE XV

LES MÊMES, FONTANARÈS.

FONTANARÈS, à Faustine.

Madame. (Il lui baise la main.)

FONTANARÈS.

Marie ! je ne lui ai pas parlé depuis dix jours. (A Faustine.) Oh ! madame, vous êtes donc un ange ?

MARIE.

Madame me conseillait d'entrer dans un couvent.

FONTANARÈS.

Elle !

MARIE.

Oui.

FAUSTINE.

Mais, enfants que vous êtes, il le faut.

FONTANARÈS.

Je marche donc de piéges en piéges. (A Marie.) Qui donc vous a conduite ici ?

MARIE.

Mon père !

FONTANARÈS.

Lui ! vous, Marie, dans cette maison.

LOTHUNDIAZ.

Oui !

FAUSTINE.

Monsieur !...

SCÈNE XVI

Les Mêmes, LOTHUNDIAZ.

FONTANARÈS.

Et vous amenez cet ange de pureté chez une femme pour qui don Frégose dissipe sa fortune, et qui accepte de lui des dons insensés, sans l'épouser...

FAUSTINE.

Monsieur !

FONTANARÈS.

Vous êtes venue ici, madame, veuve du cadet de la maison Brancadori, à qui vous aviez sacrifié le peu que vous a donné votre père, je le sais ; mais ici vous avez bien changé...

FAUSTINE.

De quel droit jugez-vous mes actions ?

LOTHUNDIAZ.

Eh ! tais-toi donc : madame est une noble dame.

FONTANARÈS.

Elle !... mais c'est une...

FAUSTINE.

Taisez-vous.

FONTANARÈS.

Mais emmenez donc votre fille de chez la maîtresse du vice-roi.

SCÈNE XVII

FAUSTINE, FONTANÁRÈS.

FONTANARÈS.

Ah ! votre générosité, madame, était donc une combinaison pour servir les intérêts de Sarpi ? Nous sommes quittes alors ! adieu...

SCÈNE XVIII

FAUSTINE, PAQUITA.

FAUSTINE.

Comme il était beau dans sa colère ! Ah ! je m'aperçois que je n'ai jamais aimé, et je viens, là, dans un instant, d'être métamorphosée comme par un coup de foudre. J'ai, dans un moment, aimé pour tout le temps perdu ? Peut-être ai-je mis le pied dans un abime.

PAQUITA, annonçant.

Don Frégose.

FAUSTINE.

Envoie chercher Mathieu Magis le Lombard. (Seule.) Je veux le voir soumis à mes pieds, ou nous nous briserons dans la lutte.

SCÈNE XIX

FAUSTINE, FRÉGOSE.

FRÉGOSE.

Eh bien, je croyais trouver ici Fontanarès heureux d'avoir par vous son navire?

FAUSTINE.

Vous le lui avez donc donné?

FRÉGOSE.

Ne m'avez-vous pas demandé vous-même...

FAUSTINE.

Vous ne le haïssez donc pas? J'ai cru, moi, que vous trouveriez le sacrifice au-dessus de vos forces. J'ai voulu savoir si vous aviez plus d'amour que d'obéissance.

FRÉGOSE.

Ah! madame... que je vous obéisse ou non, je ne sais rien faire à votre gré.

FAUSTINE.

Pouvez-vous le lui reprendre ce navire?

FRÉGOSE.

Mais il y a mis un monde d'ouvriers, et ils en sont déjà les maîtres.

FAUSTINE.

Vous ne savez donc pas que je le hais, et que je veux?...

FRÉGOSE.

Sa mort!

FAUSTINE.

Non, son ignominie.

FRÉGOSE.

Ah! je vais donc pouvoir me venger de tout un mois d'angoisses.

FAUSTINE.

Gardez-vous bien de toucher à ma proie, laissez-la-moi.

FRÉGOSE.

Madame !

FAUSTINE.

Eh ! laissez-moi donc ! (Frégose sort.)

SCÈNE XX

FAUSTINE, seule.

Maîtresse d'un vice-roi ! Paquita ! Paquita ! va me chercher Mathieu Magis, oh ! je vais lui donner un grand homme à dévorer.

ACTE TROISIÈME

SIXIÈME TABLEAU

Intérieur d'écurie. — Dans les combles, du foin; le long des murs, des roues, des tubes, des pivots, une longue cheminée en cuivre, une vaste chaudière. — A gauche du spectateur, un pilier sculpté, où se trouve une madone. — A droite, une table; sur la table, des papiers, des instruments de mathématiques. Sur le mur, au-dessus de la table, un tableau noir couvert de figures. Sur la table, une lampe. — A côté du tableau, une planche sur laquelle sont des oignons, une cruche et du pain. — A droite du spectateur, il y a une grande porte d'écurie; et à gauche une porte donnant sur les champs. — Un lit de paille à côté de la madone. — Au lever du rideau, il fait nuit.

SCÈNE PREMIÈRE

FONTANARÈS, QUINOLA.

Fontanarès, en robe noire serrée par une ceinture de cuir, travaille à sa table. Quinola vérifie les pièces de la machine.

QUINOLA.

Mais moi aussi, monsieur, j'ai aimé! Seulement quand j'ai eu compris la femme, je lui ai souhaité le bonsoir. La bonne chère et la bouteille, ça ne vous trahit pas et ça vous engraisse. (Il regarde son maître.) Bon! il ne m'entend pas. Voici trois pièces à forger. (Il ouvre la porte.) Eh! Monipodille !

SCÈNE II

LES MÊMES, MONIPODIO.

QUINOLA.

Les trois dernières pièces nous sont revenues, emporte les modèles, et fais-en toujours deux paires en cas de malheur. (Monipodio fait signe dans la coulisse; deux hommes paraissent.)

MONIPODIO.

Enlevez, mes enfants, et pas de bruit, évanouissez-vous comme des ombres, c'est pire qu'un vol. (A Quinola.) On s'éreinte à travailler.

QUINOLA.

On ne se doute encore de rien.

MONIPODIO.

Ni eux, ni personne. Chaque pièce est enveloppée comme
un bijou et déposée dans une cave. Mais il faut trente écus.

QUINOLA.

Oh! mon Dieu!

MONIPODIO.

Trente drôles bâtis comme ça boivent et mangent comme
soixante.

QUINOLA.

La maison Quinola et compagnie a fait faillite, et l'on est à
mes trousses.

MONIPODIO.

Des protêts?

QUINOLA.

Es-tu bête? de bonnes prises de corps. Mais j'ai pris chez
un fripier deux ou trois défroques qui vont me permettre de
soustraire Quinola aux recherches des plus fins limiers, jusqu'au moment où je pourrai payer.

MONIPODIO.

Payer?... c'te bêtise!

QUINOLA.

Oui : j'ai gardé un trésor pour la soif. Reprends ta sou-
quenille de frère quêteur, et va chez Lothundiaz parlementer
avec la duègne.

MONIPODIO.

Hélas! Lopez est tant de fois retourné d'Alger que notre
duègne commence à en revenir.

QUINOLA.

Bah! il ne s'agit que de faire parvenir cette lettre à la
señorita Marie Lothundiaz. (Il lui donne une lettre.) C'est un
chef-d'œuvre d'éloquence inspiré par ce qui inspire tous les
chefs-d'œuvre, vois : nous sommes depuis dix jours au pain
et à l'eau.

MONIPODIO.

Et nous donc? crois-tu que nous mangions des ortolans?
Si nos hommes croyaient faire une bonne action ils auraient
déjà déserté.

QUINOLA.

Veuille l'amour acquitter ma lettre de change, et nous
nous en tirerons encore. (Monipodio sort.)

SCÈNE III

QUINOLA, FONTANARÈS.

QUINOLA, frottant un oignon sur son pain.

On dit que c'est avec ça que se nourrissaient les ouvriers des pyramides d'Égypte, mais ils devaient avoir l'assaisonnement qui nous soutient : la foi... (Il boit de l'eau.) Vous n'avez donc pas faim, monsieur? Prenez garde que la machine ne se détraque.

FONTANARÈS.

Brave garçon! toujours gai, même au fond du malheur.

QUINOLA.

Singue de mi! monsieur, la fortune aime les gens gais presque autant que les gens gais aiment la fortune.

SCÈNE IV

Les Mêmes, MATHIEU MAGIS.

QUINOLA.

Oh! voilà notre Lombard; il regarde toutes les pièces comme si elles étaient déjà sa propriété légitime.

MATHIEU MAGIS.

Je suis votre très-humble serviteur, mon cher seigneur Fontanarès.

QUINOLA.

Toujours comme le marbre, poli, sec et froid.

FONTANARÈS.

Je vous salue, monsieur Magis. (Il se coupe du pain.)

MATHIEU MAGIS.

Vous êtes un homme sublime, et, pour mon compte, je vous veux toute sorte de bien.

FONTANARÈS.

Et c'est pour cela que vous venez me faire toute sorte de mal?

MATHIEU MAGIS.

Vous me brusquez! ça n'est pas bien. Vous ignorez qu'il y a deux hommes en moi.

FONTANARÈS.

Je n'ai jamais vu l'autre.

MATHIEU MAGIS.

J'ai du cœur hors les affaires.

QUINOLA.

Mais vous êtes toujours en affaires.

MATHIEU MAGIS.

Je vous admire luttant tout deux.

FONTANARÈS.

L'admiration est le sentiment qui se fatigue le plus promptement chez l'homme. D'ailleurs vous ne prêtez pas sur les sentiments.

MATHIEU MAGIS.

Il y a des sentiments qui rapportent et des sentiments qui ruinent. Vous êtes animés par la foi, c'est très-beau, mais c'est ruineux. Nous fîmes, il y a six mois, de petites conventions : vous me demandâtes trois mille sequins pour vos expériences...

QUINOLA.

A la condition de vous en rendre cinq mille.

FONTANARÈS.

Eh bien !

MATHIEU MAGIS.

Le terme est expiré depuis deux mois.

FONTANARÈS

Vous nous avez fait sommation, il y a deux mois, et raide, le lendemain même de l'échéance.

MATHIEU MAGIS

Oh! sans fâcherie uniquement pour être en mesure.

FONTANARÈS.

Eh bien, après?

MATHIEU MAGIS.

Vous êtes aujourd'hui mon débiteur.

FONTANARÈS.

Déjà huit mois, passés comme un songe! Magis, mon ami, soyez mon protecteur, donnez-moi quelques jours de plus ?

MATHIEU MAGIS.

Oh! tout ce que vous voudrez.

QUINOLA.

Vrai ? Eh bien, voilà l'autre homme qui paraît. (A Fontanarès.) Monsieur, celui-là serait mon ami. (A Magis.) Voyons, Magis Deux, quelques doublons ?

FONTANARÈS.

Ah ! je respire.

MATHIEU MAGIS.

C'est tout simple. Aujourd'hui je ne suis plus seulemen prêteur, je suis prêteur et copropriétaire, et je veux tirer parti de ma propriété.

QUINOLA.

Ah! triple chien!

FONTANARÈS.

Y pensez-vous?

MATHIEU MAGIS.

Les capitaux sont sans foi...

QUINOLA

Sans espérance ni charité; les écus ne sont pas catholiques.

MATHIEU MAGIS.

A qui vient toucher une lettre de change, nous ne pouvons pas dire : « Attendez! un homme de talent est en train de chercher une mine d'or dans un grenier ou dans une écurie! » En six mois, j'aurais doublé mes petits sequins. Écoutez, monsieur, j'ai une petite famille.

QUINOLA.

Et si ça fait des petits, ils mangeront la Catalogne.

MATHIEU MAGIS.

J'ai de lourdes charges.

FONTANARÈS.

Vous voyez comme je vis.

MATHIEU MAGIS.

Eh! monsieur, si j'étais riche, je vous prêterais... (Quinola tend la main) de quoi vivre mieux.

FONTANARÈS.

Attendez encore quinze jours.

MATHIEU MAGIS.

Non, je veux mes capitaux, et ferai plutôt saisir et vendre toute cette ferraille.

FONTANARÈS.

Ah! vous m'obligez donc à repousser la ruse par la ruse. Vous avez fait un contrat insensé, vous en signerez un autre, ou vous me verrez mettre mon œuvre en mille morceaux, et garder là (il se frappe le cœur) mon secret.

MATHIEU MAGIS.

Ah! monsieur, vous ne ferez pas cela. Ce serait un vol, une friponnerie dont est incapable un grand homme.

FONTANARÈS.

Ah ! vous vous armez de ma probité pour assurer le succès d'une monstrueuse injustice !

MATHIEU MAGIS.

Tenez, je ne veux point être dans tout ceci ; vous vous
entendrez avec don Ramon, un bien galant homme, à qui
je vais céder mes droits.

FONTANARÈS.

Don Ramon ?

QUINOLA.

Celui que tout Barcelone vous oppose. Pâture à corbeaux,
veux-tu te sauver !

MATHIEU MAGIS.

Ménagez don Ramon, il saura bien hypothéquer sa créance
sur votre tête. (Il revient sur Quinola.) Quant à toi, fruit de
potence, si tu me tombes sous la main, je me vengerai ! (A
Fontanarès.) Adieu, homme de génie. (Il sort.)

SCÈNE V

FONTANARÈS, QUINOLA.

FONTANARÈS.

Ses paroles me glacent.

QUINOLA.

Et moi aussi ! Les bonnes idées viennent toujours se
prendre aux toiles que leur tendent ces araignées-là !

FONTANARÈS.

Bah ! Encore cent sequins, et après la vie sera dorée,
pleine de fêtes et d'amour. (Il boit de l'eau.)

QUINOLA.

Je vous crois, monsieur, mais avouez que la verte espérance, cette céleste coquine, nous a menés bien avant dans
le gâchis.

FONTANARÈS.

Quinola ?

QUINOLA.

Je ne me plains pas, je suis fait à la détresse. Mais où
prendre cent sequins ? Vous devez à des ouvriers, à Carpano le maître serrurier, à Coppolus le marchand de fer,
d'acier et de cuivre, à notre hôte qui, après nous avoir mis
ici moins par pitié que par peur de Monipodio, finira par
nous en chasser ; nous lui devons neuf mois de dépenses.

FONTANARÈS.

Mais tout est fini !

QUINOLA.

Mais cent sequins ?

FONTANARÈS.

Et pourquoi, toi si courageux, si gai, viens-tu me chanter ce *De profundis ?*

QUINOLA.

C'est que pour rester à vos côtés, je dois disparaître.

FONTANARÈS.

Et pourquoi ?

QUINOLA.

Et les huissiers donc ? J'ai fait, pour vous et pour moi, cent écus d'or de dettes commerciales, qui ont pris la forme, la figure et les pieds des recors.

FONTANARÈS.

De combien de malheurs se compose donc la gloire ?

QUINOLA.

Allons! ne vous attristez pas. Ne m'avez-vous pas dit qu'un père de votre père était allé, il y a quelque cinquante ans, au Mexique avec don Cortez : a-t-on eu de ses nouvelles ?

FONTANARÈS.

Jamais.

QUINOLA.

Vous avez un grand-père?... vous irez jusqu'au jour de votre triomphe.

FONTANARÈS.

Veux-tu donc me perdre ?

QUINOLA.

Voulez-vous me voir aller en prison et votre machine à tous les diables ?

FONTANARÈS.

Non !

QUINOLA.

Laissez-moi donc vous faire revenir ce grand-père de quelque part : ce sera le premier qui sera revenu des Indes.

SCÈNE VI

Les Mêmes, MONIPODIO.

QUINOLA.

Eh bien ?

MONIPODIO.

Votre infante a la lettre.

FONTANARÈS.

Qu'est-ce que don Ramon ?

MONIPODIO.

Un imbécil

QUINOLA.

Envieux ?

MONIPODIO.

Comme trois auteurs sifflés. Il se donne pour un homme étonnant.

QUINOLA.

Mais, le croirait-on ?

MONIPODIO.

Comme un oracle. Il écrivaille, il explique que la neige est blanche parce qu'elle tombe du ciel, et soutient contre Galilée que la terre est immobile.

QUINOLA.

Vous voyez bien, monsieur, qu'il faut que je vous défasse de ce savant-là ? (A Monipodio.) Viens avec moi, tu vas être mon valet.

SCÈNE VII

FONTANARÈS, seul.

Quelle cervelle cerclée de bronze résisterait à chercher de l'argent en cherchant les secrets les mieux gardés par la nature, à se défier des hommes, les combattre et combiner des affaires ? deviner sur-le-champ le mieux en toute chose, afin de ne pas se voir voler sa gloire par un don Ramon, qui trouverait le plus léger perfectionnement, et il y a des don Ramon partout. Oh ! je n'ose me l'avouer... Je me lasse.

SCÈNE VIII

FONTANARÈS, ESTEBAN, GIRONE, et DEUX OUVRIERS,
personnages muets.

ESTEBAN.

Pourriez-vous nous dire où se cache un nommé Fontanarès ?

FONTANARÈS.

Il ne se cache point, le voici. Que voulez-vous ?

ESTEBAN.

Notre argent ! Depuis trois semaines nous travaillons à
votre compte : l'ouvrier vit au jour le jour.

FONTANARÈS.

Hélas ! mes amis, moi je ne vis pas.

ESTEBAN.

Vous êtes seul, vous, vous pouvez vous serrer le ventre.
Mais nous avons femme et enfants. Enfin, nous avons tout
mis en gage...

FONTANARÈS.

Ayez confiance en moi.

ESTEBAN.

Est-ce que nous pouvons payer le boulanger avec votre
confiance ?

FONTANARÈS.

Je suis un homme d'honneur.

GIRONE.

Tiens ! et nous aussi nous avons de l'honneur.

ESTEBAN.

Portez donc nos honneurs chez le Lombard, vous verrez
ce qu'il prêtera dessus.

GIRONE.

Je ne suis pas un homme à talent, moi ! on ne me fait pas
crédit.

ESTEBAN.

Je ne suis qu'un méchant ouvrier, mais si ma femme a
besoin d'une marmite, je la paye, moi !

FONTANARÈS.

Qui donc vous ameute ainsi contre moi ?

GIRONE.

Ameuter ? Sommes-nous des chiens ?

ESTEBAN.

Les magistrats de Barcelone ont rendu une sentence en
faveur de maître Coppulus et Carpano, qui leur donne privilége sur vos inventions. Où donc est notre privilége, à
nous ?

GIRONE.

Je ne sors pas d'ici sans mon argent.

FONTANARÈS.

Quand vous resterez ici, y trouverez-vous de l'argent ?
d'ailleurs, restez, bonsoir. (Il prend son chapeau et son manteau.)

ESTEBAN.

Oh ! vous ne sortirez pas sans nous avoir payés. (Mouvement chez les ouvriers pour barrer la porte.)

FONTANARÈS.

Misérable ! (Il tire son épée.)

LES OUVRIERS.

Oh ! nous ne bougerons pas.

FONTANARÈS, fondant sur eux.

Oh !... (Il s'arrête et jette son épée, il s'agenouille devant la madone.)
O mon Dieu ! le talent et le crime seraient-ils donc une
même chose à tes yeux ? Qu'ai-je fait pour souffrir tant d'ava-
nies, tant d'insultes et tant d'outrages ? Faut-il donc d'avance
expier le triomphe ? (Aux ouvriers.) Tout Espagnol est maître
dans sa maison.

ESTEBAN.

Vous n'avez pas de maison. Nous sommes ici au *Soleil
d'Or* ; l'hôte nous l'a bien dit.

GIRONE.

Vous n'avez pas payé votre loyer, vous ne payez rien !

FONTANARÈS.

Restez, mes maîtres ! j'ai tort : je dois.

SCÈNE IX

Les Mêmes, COPPOLUS et CARPANO.

COPPOLUS.

Monsieur, je viens vous annoncer qu'hier les magistrats
de Barcelone m'ont, jusqu'à parfait payement, donné privilége sur votre invention, et je veillerai a ce qui rien ne sorte
d'ici. Le privilége comprend la créance de mon confrère
Carpano, votre serrurier.

FONTANARÈS.

Quel démon vous aveugle? Sans moi, cette machine, ce

n'est que du fer, de l'acier, du cuivre et du bois; avec moi,
c'est une fortune.

COPPOLUS.

Oh ! nous ne nous séparerons point. (Les deux marchands font
un mouvement pour serrer Fontanarès.)

FONTANARÈS.

Non, aucune gloire ne peut payer de pareilles souffrances.

COPPOLUS, à Carpano.

Ferons-nous vendre ?

FONTANARÈS.

Mais, pour que la machine vaille quelque chose, encore
faut-il la finir, et il y manque une pièce dont voici le modèle.
(Coppolus et Carpano se consultent.) Cela coûterait encore deux
cents sequins.

<h2 align="center">SCÈNE X</h2>

Les Mêmes, QUINOLA, en vieillard centenaire, une figure fantas-
tique dans le genre de Callot, MONIPODIO, en habit de fantaisie,
L'HOTE DU SOLEIL D'OR.

L'HOTE DU SOLEIL D'OR, montrant Fontanarès.

Seigneur, le voici.

QUINOLA.

Et vous avez logé le petit-fils du capitaine Fontanarès
dans une écurie ! la republique de Venise le mettra dans un
palais ! Mon cher enfant, embrassez-moi ! (Il marche vers Fontanarès.) La sérénissime république a su vos promesses au
roi d'Espagne, et j'ai quitté l'arsenal de Venise, à la tête duquel je suis pour... (A part.) Je suis Quinola.

FONTANARÈS.

Jamais paternité n'est ressuscitée plus à propos. .

QUINOLA.

Quelle misère!... voilà donc l'antichambre de la gloire.

FONTANARÈS.

La misère est le creuset où Dieu se plaît à éprouver nos
forces.

QUINOLA.

Qui sont ces gens?

FONTANARÈS.

Des créanciers, des ouvriers qui m'assiégent.

QUINOLA, à l'hôte.

Vieux coquin d'hôte, mon petit-fils est-il chez lui?

L'HOTE DU SOLEIL D'OR.

Certainement, Excellence.

QUINOLA.

Je connais un peu les lois de Catalogne, allez chercher le
corrégidor pour me fourrer ces drôles en prison. Envoyez
des huissiers à mon petit-fils, c'est votre droit; mais restez
chez vous, canaille! (Il fouille dans sa poche.) Tenez! allez boire
à ma santé. (Il leur jette de la monnaie.) Vous viendrez vous
faire payer chez moi.

LES OUVRIERS.

Vive Son Excellence! (Ils sortent.)

QUINOLA, à Fontanarès.

Notre dernier doublon! c'est la réclame.

SCÈNE XI

LES MÊMES, moins L'HOTE DU SOLEIL D'OR et LES
OUVRIERS.

QUINOLA, aux deux négociants.

Quant à vous, mes braves, vous me paraissez être de
meilleure composition, et avec de l'argent, nous serons
d'accord.

COPPOLUS.

Excellence, nous serons alors à vos ordres.

QUINOLA.

Voyons ça, mon cher enfant, cette fameuse invention dont
s'émeut la république de Venise? Où est le profil, la coupe,
les plans, les épures?

COPPOLUS, à Carpano.

Il s'y connaît, mais prenons des informations avant de
fournir.

QUINOLA.

Vous êtes un homme immense, mon enfant! Vous aurez
votre jour comme le grand Colombo. (Il plie un genou.) Je remercie Dieu de l'honneur qu'il fait à notre famille. (Aux marchands.) Je vous paye dans deux heures d'ici... (Ils sortent.)

SCÈNE XII

QUINOLA, FONTANARÈS, MONIPODIO.

FONTANARÈS.

Quel sera le fruit de cette imposture?

QUINOLA.

Vous rouliez dans un abîme, je vous arrête.

MONIPODIO.

C'est bien joué! Mais les Vénitiens ont beaucoup d'argent, et pour obtenir trois mois de crédit, il faut commencer par jeter de la poudre aux yeux : de toutes les poudres, c'est la plus chère.

QUINOLA.

Ne vous ai-je pas dit que je connaissais un trésor, il vient.

MONIPODIO.

Tout seul? (Quinola fait un signe affirmatif.)

FONTANARÈS.

Son audace me fait peur.

SCÈNE XIII

Les Mêmes, MATHIEU MAGIS, DON RAMON.

MATHIEU MAGIS.

Je vous amène don Ramon, sans l'avis duquel je ne veux plus rien faire.

DON RAMON, à Fontanarès.

Monsieur, je suis ravi d'entrer en relations avec un homme de votre science. A nous deux nous pourrons porter votre découverte à sa plus haute perfection.

QUINOLA.

Monsieur connaît la mécanique, la balistique, les mathématiques, la dioptrique, catoptrique, statique... stique.

DON RAMON.

J'ai fait des traités assez estimés.

QUINOLA.

En latin ?

DON RAMON.

En espagnol.

QUINOLA.

Les vrais savants, monsieur, n'écrivent qu'en latin. Il y a du danger à vulgariser la science. Savez-vous le latin?

DON RAMON.

Oui, monsieur.

QUINOLA.

Eh bien, tant mieux pour vous.

FONTANARÈS.

Monsieur, je révère le nom que vous vous êtes fait; mais

il y a trop de dangers à courir dans mon entreprise pour que
je vous accepte : je risque ma tête, et la vôtre me semble
trop précieuse.

DON RAMON.

Croyez-vous donc, monsieur, pouvoir vous passer de don
Ramon, qui fait autorité dans la science?

QUINOLA.

Don Ramon ? le fameux don Ramon, qui a donné les raisons de tant de phénomènes qui, jusqu'ici, se permettaient
d'avoir lieu sans raison ?

DON RAMON.

Lui-même.

QUINOLA.

Je suis Fontanarési, le directeur de l'arsenal de la république de Venise, et grand-père de notre inventeur. Mon
enfant, vous pouvez vous fier à monsieur; dans sa position,
il ne saurait vous tendre un piége : nous allons tout lui dire.

DON RAMON.

Ah ! je vais donc tout savoir.

FONTANARÈS.

Comment ?

QUINOLA.

Laissez-moi lui donner une leçon de mathématiques, ça
ne peut pas lui faire de bien, mais ça ne vous fera pas de
mal. (A don Ramon. Tenez, approchez! (Il montre les pièces de la
machine.) Tout cela ne signifie rien; pour les savants, la
grande chose...

DON RAMON.

La grande chose ?

QUINOLA.

C'est le problème en lui-même. Vous savez la raison qui
fait monter les nuages?

DON RAMON.

Je les crois plus légers que l'air.

QUINOLA.

Du tout! ils sont aussi pesants, puisque l'eau finit par se
laisser tomber comme une sotte. Je n'aime pas l'eau, et vous?

DOM RAMON.

Je la respecte.

QUINOLA.

Nous sommes faits pour nous entendre. Les nuages mon-
tent autant parce qu'ils sont en vapeur, qu'attirés par la
force du froid qui est en haut.

4.

DON RAMON.

Ça pourrait être vrai. Je ferai un traité là-dessus. Mon neveu formule cela par un nouveau binôme.

FONTANARÈS.

Quel âne !

QUINOLA.

Le reste est une bagatelle. Un tube reçoit l'eau qui se fait nuage par un procédé quelconque. Ce nuage veut absolument monter, et la force est immense.

DON RAMON.

Immense, et comment ?

QUINOLA.

Immense... en ce qu'elle est naturelle, car l'homme... saisissez bien ceci, ne crée pas de forces...

DON RAMON.

Eh bien, alors comment ?...

QUINOLA.

Il les emprunte à la nature ; l'invention, c'est d'emprunter... Alors... au moyen de quelques pistons, car en mécanique .. vous savez...

DON RAMON.

Oui, monsieur, je sais la mécanique.

QUINOLA.

Eh bien, la manière de communiquer une force est une niaiserie, un rien, une ficelle comme dans le tourne-broche...

DON RAMON.

Ah ! il y a un tourne-broche ?

QUINOLA.

Il y en a deux, et la force est telle qu'elle soulèverait des montagnes qui sauteraient comme des béliers... C'est prédit par le roi David.

DON RAMON.

Monsieur, vous avez raison, le nuage, c'est de l'eau...

QUINOLA.

L'eau, monsieur ?... Eh ! c'est le monde. Sans eau, vous ne pourriez... c'est clair. Eh bien, voilà sur quoi repose l'invention de mon petit-fils : l'eau domptera l'eau. Voilà la formule.

DON RAMON.

Il emploie des termes incompréhensibles.

QUINOLA.

Vous comprenez ?

DON RAMON.

Parfaitement. Sans eau... c'est clair... cependant... oui...
c'est clair... l'invention est superbe; jeune homme, vous
avez mon appui.

QUINOLA.

Je vous ai parlé la langue des vrais savants...

MATHIEU MAGIS, à Manipodio.

Qui donc est ce seigneur si savant ?

MONIPODIO.

Un homme immense auprès de qui je m'instruis dans la
balistique, le directeur de l'arsenal de Venise, qui va vous
rembourser ce soir pour le compte de la république.

MATHIEU MAGIS.

Courons avertir madame Brancadori, elle est de Venise.
(Il sort.)

SCÈNE XIV

LES MÊMES, moins MATHIEU MAGIS, MARIE,
LOTHUNDIAZ.

FONTANARÈS.

Marie !

MARIE.

Mon père m'a permis de venir à vous, dans le plus cruel
moment de vos épreuves.

FONTANARÈS.

Oh ! monsieur !

LOTHUNDIAZ.

J'ai cédé à ses prières, mais n'espérez pas...

MARIE.

Mon père, vous m'avez promis...

LOTHUNDIAZ.

Soit ! (Il se retire au fond.)

MARIE.

En apprenant votre détresse, j'ai résolu de tout tenter pour
vous.

FONTANARÈS.

Mais mon courage est au-dessus de toutes les épreuves.

MARIE.

Hélas! vos forces le seront-elles ?

FONTANARÈS.

Ah! Marie, vous doutez de moi.

MARIE.

Non, mon ami, mais que pouvons-nous contre l'autorité paternelle, contre ceux qui la rendent inflexible à notre égard.

FONTANARÈS.

Les misérables !

MARIE.

En retardant le jour de votre triomphe vous avez rendu ma situation de plus en plus difficile. Si elle se prolongeait, je douterais de pouvoir vous conserver non pas mon cœur, il est à vous en dépit de tous, mais ma vie.

FONTANARÈS.

Oh ! mon Dieu !

MARIE.

Il faut nous résigner... il le faut ! j'entre ce soir au couvent !

FONTANARÈS.

Vous perdre !

MARIE.

Non pas pour toujours... j'attendrai le résultat de vos efforts, ayez foi en moi, comme j'ai foi en vous.

FONTANARÈS.

Au couvent! quelle torture à faire maudire la vie! vous Marie! vous le principe et la fin de ma découverte! vous, cette étoile qui me protégeait, je vous force à vous exiler dans le ciel... Oh ! je succombe ! (Lothundiaz s'avance.)

MARIE.

Mon père, un dernier mot. (A Fontanarès.) Ami, laissez-moi le courage du sacrifice, c'est à ce prix que j'ai pu vous revoir ; c'est à ce prix que je peux mettre une espérance dans nos adieux, voici les épargnes de la jeune fille, de votre sœur, ce que j'ai gardé pour le jour où tout vous abandonnerait.

FONTANARÈS.

Et qu'ai-je besoin, sans vous, de gloire, de fortune?

MARIE.

Acceptez ce que peut, ce que doit vous offrir celle qui sera votre femme. Si je vous sais malheureux et tourmenté, l'espérance me quittera dans ma retraite, et j'y mourrai.

FONTANARÈS.

Marie !

MARIE.

Acceptez pour triompher, ne s'agit-il pas de notre bonheur ?

FONTANARÈS.

Non, Marie, je ne veux pas vous entraîner dans le gouffre
où je me sens tomber.

QUINOLA, à Marie.

Laissez-le faire, le superbe, et sauvons-le malgré lui.

MARIE.

Quinola !

QUINOLA.

Chut ! je passe pour son grand-père. (Marie donne son aumô-
nière à Quinola.)

SCÈNE XV

LES MÊMES, SARPI.

SARPI, à Lothundiaz.

Vous et avec votre fille, seigneur Lothundiaz.

LOTHUNDIAZ.

Elle a mis pour prix de son obéissance à se rendre au
couvent, de venir lui dire adieu.

FONTANARÈS.

Ah ! voilà le plus ardent de vos persécuteurs. Eh bien,
seigneur, venez-vous mettre de nouveau ma constance à
l'épreuve ?

SARPI.

Je représente ici le vice-roi de Catalogne, monsieur, et
j'ai droit à vos respects. (A don Ramon.) Êtes-vous content
de lui ?

DON RAMON.

Avec mes conseils, nous arriverons.

SARPI.

Le vice-roi espère beaucoup de votre savant concours.

FONTANARÈS.

Rêvé-je ? Voudrait-on me donner un rival ?

SARPI.

Un guide, monsieur, pour vous sauver.

FONTANARÈS.

Qui vous dit que j'en aie besoin ?

MARIE.

Alfonso, s'il pouvait vous faire réussir ?

FONTANARÈS.

Ah ! jusqu'à elle qui doute de moi.

MARIE.

On le dit si savant !

LOTHUNDIAZ.

Le présomptueux ! il croit en savoir plus que tous les savants du monde.

SARPI.

Je suis amené par une question qui a éveillé la sollicitude du vice-roi : vous avez depuis bientôt dix mois un vaisseau de l'État, et vous en devez compte.

FONTANARÈS.

Le roi n'a pas fixé de terme à mes travaux.

SARPI.

L'administration de la Catalogne a le droit d'en exiger un, et nous avons reçu des ministres un ordre à cet égard. (*Mouvement de surprise chez Fontanares.*) Oh! prenez tout votre temps : nous ne voulons pas contrarier un homme tel que vous. Seulement, nous pensons que vous ne voulez pas éluder la peine qui pèse sur votre tête, en gardant le vaisseau jusqu'à la fin de vos jours.

MARIE.

Quelle peine ?

FONTANARÈS.

Je joue ma tête.

MARIE.

La mort! et vous me refusez.

FONTANARÈS.

Dans trois mois, comte Sarpi, et sans aide, j'aurai fini mon œuvre. Vous verrez alors un des plus grands specta-tacles qu'un homme puisse donner à son siècle.

SARPI.

Voici votre engagement, signez-le. (*Fontanarès va signer.*)

DON RAMON.

Jeune homme! lisez mes traités,

MARIE.

Adieu, mon ami ! Si vous succombiez dans cette lutte, je crois que je vous aimerais encore davantage.

LOTHUNDIAZ.

Venez, ma fille, cet homme est fou.

SCÈNE XVI

FONTANARÈS, seul sur le devant de la scène.

Non, je ne réussirai pas, tout me trahit. OEuvre de trois

ans de pensée et de dix mois de travaux, sillonneras-tu jamais la mer ?... Ah ! le sommeil m'accable... (Il se couche sur la paille.)

SCÈNE XVII

FONTANARÈS, endormi **QUINOLA** et **MONIPODIO**.
revenant par la petite porte.

QUINOLA.

Des diamants! des perles et de l'or! nous sommes sauvés.

MONIPODIO.

La Brancadori est de Venise.

QUINOLA.

Il faut donc y retourner, fais venir l'hôte, je vais rétablir notre crédit.

MONIPODIO.

Le voici.

SCÈNE XVIII

LES MÊMES, L'HOTE DU SOLEIL D'OR.

QUINOLA.

Or çà ! monsieur l'hôte du *Soleil d'Or*, vous n'avez pas eu confiance dans l'étoile de mon petit-fils.

L'HOTE.

Une hôtellerie, seigneur, n'est pas une maison de banque.

QUINOLA.

Non, mais vous auriez pu par charité ne pas lui refuser du pain. La sérénissime république de Venise m'envoyait pour le décider à venir chez elle, mais il aime trop l'Espagne! Je repars comme je suis venu, secrètement. Je n'ai sur moi que ce diamant dont je puisse disposer. D'ici à un mois, vous aurez des lettres de change. Vous vous entendrez avec le valet de mon petit-fils pour la vente de ce bijou.

L'HOTE.

Monseigneur, ils seront traités comme des princes qui ont de l'argent.

QUINOLA.

Laissez-nous. (L'hôte sort).

SCÈNE XIX

Les Mêmes, moins L'HOTE.

QUINOLA.

Allons nous déshabiller.

SCÈNE XX

FONTANARÈS, endormi, FAUSTINE, MATHIEU MAGIS.

MATHIEU MAGIS.

Le voici !

FAUSTINE.

Oh ! combien de bonheur ne lui dois-je pas pour tant de souffrances.

MATHIEU MAGIS.

Faut-il le réveiller ?

FAUSTINE.

Non... non... (Elle sort).

ACTE QUATRIÈME

SEPTIÈME TABLEAU

Une place publique. — Au fond de la place, sur des tréteaux, au pied
desquels sont toutes les pièces de la machine, s'élève un huissier.
— De chaque côté de ces tréteaux, il y a foule. — A gauche du
spectateur, un groupe composé de Coppolus, Carpano, l'hôte du
Soleil d'Or, Esteban, Girone, Mathieu Magis, don Ramon, Lothundiaz. — A droite, Fontanarès, Monipodio et Quinola caché dans un
manteau derrière Monipodio.

SCÈNE PREMIÈRE

**FONTANARÈS , MONIPODIO , QUINOLA, COPPOLUS,
L'HOTE DU SOLEIL D'OR, ESTEBAN, GIRONE, MA-
THIEU MAGIS, DON RAMON, LOTHUNDIAZ, L'HUIS-
SIER, DEUX GROUPES DE PEUPLE.**

L'HUISSIER.

Messeigneurs, un peu plus de chaleur! il s'agit d'une chaudière où l'on pourrait faire un olla-podrida pour le régiment
des gardes wallones. A vingt ducats la chaudière. Personne
ne dit mot : à dix ducats.

LE CRIEUR.

Dix ducats!

L'HUISSIER.

Cinq ducats... voyons votre prix.

L'HOTE.

Cinq ducats, quatre maravédis !

L'HUISSIER.

A cinq ducats quatre maravédis... approchez, voyez, considérez.

UNE VOIX.

Six ! (Le crieur répète).

5.

UNE AUTRE VOIX.

Sept.

UNE AUTRE VOIX.

Huit.

UNE AUTRE VOIX.

Neuf.

L'HUISSIER.

A cinq ducats, neuf maravédis... Approchez... considérez

QUINOLA.

Monsieur, l'on ne fera pas cent écus d'or.

MATHIEU MAGIS.

Dix maravédis.

LE CRIEUR.

Cinq ducats, dix maravédis, allons, messieurs, approchez.

L'HUISSIER.

Personne ne dit mot? Approchez, voyez, considérez!

FONTANARÈS.

Sachons nous résigner.

QUINOLA.

La résignation me semble être une quatrième vertu théolo-
gale, omise par égard pour les femmes.

L'HUISSIER.

Voyez, considérez, c'est le dernier lot.

LE CRIEUR.

C'est le dernier lot.

QUINOLA.

Monsieur, monsieur, c'est une bien bonne affaire, j'ai envie
d'enchérir.

MONIPODIO.

Tais-toi, la justice est sur les traces, et tu serais déjà pris,
si tu ne passais pour être un des miens.

L'HUISSIER.

C'est le dernier lot, messeigneurs. Allons, personne ne dit
mot? Adjugé pour dix écus d'or, dix maravédis, au seigneur
Mathieu Magis.

LOTHUNDIAZ, à don Ramon.

Eh bien, voilà comment finit la sublime invention de notre grand homme! il avait, ma foi, bien raison de nous promettre un fameux spectacle.

COPPOLUS.

Vous pouvez en rire, il ne vous doit rien.

ESTEBAN.

C'est nous autres, pauvres diables, qui payons ses folies.

LOTHUNDIAZ.

Rien, maître Coppolus? Et les diamants de ma fille que le valet du grand homme a mis dans la mécanique!

MATHIEU MAGIS.

Mais on les a saisis chez moi.

LOTHUNDIAZ.

Ne sont-ils pas dans les mains de la justice? et j'aimerais mieux y voir Quinola, ce damné suborneur de trésors. Mais si on le trouve, son affaire sera bientôt faite, et j'irai l'admirer donnant la bénédiction avec ses pieds.

FONTANARÈS.

Notre malheur rend ce bourgeois spirituel.

QUINOLA.

Dites donc féroce. O ma jeunesse! quelle leçon tu reçois, mes antécédents m'ont perdu.

DON RAMON.

Moi, je regrette un pareil désastre. Ce jeune artisan avait fini par m'écouter, et nous avions la certitude de réaliser les promesses faites au roi; mais il peut dormir sur les deux oreilles : j'irai demander sa grâce à la cour en expliquant combien j'ai besoin de lui.

COPPOLUS.

Voilà de la générosité peu commune entre savants.

LOTHUNDIAZ.

Vous êtes l'honneur de la Catalogne!

FONTANARÈS, il s'avance.

J'ai tranquillement supporté le supplice de voir vendre à vil prix une œuvre qui devait me mériter un triomphe... (Murmures chez le peuple.) Mais ceci passe la mesure. Don Ramon, si vous aviez, je ne dis pas connu, mais soupçonné l'usage de toutes ces pièces maintenant dispersées, vous les auriez achetées au prix de toute votre fortune.

DON RAMON.

Jeune homme, je respecte votre malheur; mais vous savez bien que votre appareil ne pouvait pas encore marcher, et que mon expérience vous était devenue nécessaire.

FONTANARÈS.

Ce que la misère a de plus terrible entre toutes ses horreurs, c'est d'autoriser la calomnie et le triomphe des sots.

DON RAMON.

Jeune homme, ne désespérez pas, vous aurez votre grâce, comptez sur moi.

SCÈNE II

LES MÊMES, FRÉGOSE, FAUSTINE, AVALOROS, SARPI.

SARPI.

Nous arrivons trop tard, la vente est finie.

FRÉGOSE.

Le roi regrettera d'avoir eu confiance en un charlatan.

FONTANARÈS.

Un charlatan, monseigneur? tuez-moi, mais ne me calomniez pas; vous êtes placé trop haut pour descendre si bas.

FRÉGOSE.

Votre audace égale votre malheur. Oubliez-vous que les magistrats de Barcelone vous regardent comme complice du vol fait à Lothundiaz.

FONTANARÈS.

Moi! complice d'un vol!

FRÉGOSE.

Et vous ne devez d'être libre qu'aux prières de madame.

FONTANARÈS.

Mais si j'étais coupable, les prières de madame n'auraient pas suffi pour me rendre libre.

FRÉGOSE.

La vente des pierreries de Lothundiaz et la fuite de Quinola depuis ce moment, prouvent contre vous.

FONTANARÈS.

Quinola est innocent! je l'atteste sur mon honneur! Les pierreries lui furent librement données par Marie Lothundiaz de qui je les ai refusées.

SARPI.

Il faudra le prouver.

FRÉGOSE.

C'est bien, nous verrons.

SARPI.

Et comment expliquez-vous la ressurrection de votre grand-père, ce faux intendant de l'arsenal de Venise? car par malheur, madame et moi nous connaissons le véritable.

FONTANARÈS.

C'est une ruse bien innocente de mon valet, il a pris ce déguisement pour obtenir quelque répit de mes créanciers et causer science avec don Ramon.

DON RAMON.

Monsieur, cette mystification est une atteinte au respect dû à la science que je représente.

FONTANARÈS.

De quoi vous plaignez-vous? vous vous êtes parfaitement entendu avec Quinola!

DON RAMON.

Monsieur!

FONTANARÈS.

Le seigneur Lothundiaz peut dire que le savant don Ramon et Quinola se sont parfaitement compris.

DON RAMON.

J'en appelle... à ma plume.

FAUSTINE.

Ne vous courroucez pas, don Ramon, il est si naturel que les gens, en se sentant tomber dans un abîme, y entraînent tout avec eux.

FRÉGOSE.

Vos paroles, jeune homme, ne font qu'aggraver votre situation. Vous êtes accusé et vous aurez à répondre un jour.

FONTANARÈS.

Ce jour! je l'attends avec impatience, et d'accusé je saurai me faire accusateur.

FAUSTINE.

Quelle fierté!

SARPI.

Qui donc accuserez-vous?

FONTANARÈS.

Monseigneur, le roi m'avait promis la protection de ses gens à Barcelone et je n'y ai trouvé que la haine.

SARPI.

Vous avez été bien accueilli de tous.

FONTANARÈS.

Vous avez persécuté dans ma personne ce qu'il y a de plus noble en l'homme, la conscience qu'il a de sa force, la majesté du travail, l'inspiration céleste qui lui met la main à l'œuvre et... l'amour, cette foi humaine qui rallume le courage quand il va s'éteindre sous la bise de la raillerie. Vous tenez en vos mains le pouvoir et vous en faites un obstacle à la pensée nouvelle. Est-ce donc une loi divine qui vous ordonne de bafouer, de honnir ce que vous devez plus tard adorer. Ah! si vous faites mal le bien, en revanche, vous faites toujours très-bien le mal. (Mouvement de Sarpi.) Je m'arrête... vous ne valez pas ma colère.

FAUSTINE, à part.

Oh! j'allais lui dire que je l'adore.

FONTANARÈS.

Don Frégose, je suis à vos ordres; comte Sarpi, conduisez-moi devant mes juges.

SCÈNE III

LES MÊMES, MARIE.

MARIE.

Des juges pour vous!

FONTANARÈS.

Oh! Marie! je l'attendais! vous êtes venue?

MARIE.

Pour vous défendre et pour vous sauver.

FONTANARÈS.

Eh! le pourrez-vous!

MARIE.

La vérité sera toute-puissante et je viens la proclamer ici.

LOTHUNDIAZ.

Ma fille!

MARIE.

Mon père, et vous, messeigneurs, je jure devant Dieu,

mon témoin, que j'ai donné de mon plein gré, au valet de Fontanarès, mes pierreries et tout ce que je possédais.

FRÉGOSE.

Comment ?

MARIE.

Oui, monseigneur, de mon plein gré.

FRÉGOSE.

Cette déclaration suffit ; jeune homme, vous êtes libre.

SARPI.

Oh ! pas encore !

QUINOLA.

Ouf !

FONTANARÈS.

Merci, pur et brillant amour par qui je me rattache au ciel pour y puiser l'espérance et la foi, vous venez de sauver mon honneur.

MARIE.

N'est-il pas le mien ? la gloire viendra !

FONTANARÈS.

Hélas ! mon œuvre est dispersée en cent mains avares qui ne la rendront que contre autant d'or qu'elle en a coûté ! je suis perdu !

MARIE.

Ne m'as-tu pas dit que ton courage était au-dessus de toutes les espérances, rien ne sera au dessus du mien. Monseigneur, vous ferez rendre à Quinola mes pierreries.

FRÉGOSE.

Il sera fait selon vos désirs.

MARIE.

Merci ! monseigneur. Je retourne heureuse au couvent, à toi ou à Dieu !

QUINOLA.

Cette jeune fille me ferait aimer encore les femmes, mais celle-là, je m'arrêterais bien vite dans cette tentation.

FAUSTINE, à Sarpi.

Sarpi, il faut que vous épousiez demain la fille de Lothundiaz.

SCÈNE IV

LES MÊMES, moins LOTHUNDIAZ et MARIE.

FONTANARÈS.

Si j'ai dans ma douleur manqué au respect que je vous dois, monseigneur, je vous prie de me pardonner.

FRÉGOSE.

Assez, monsieur, on n'offense point don Frégose.

FAUSTINE.

Très-bien, monseigneur... Seigneur Fontanarès, je vous ai pardonné, me gardez-vous rancune ?

FONTANARÈS.

Vous m'avez appris à craindre un piége sous toutes vos paroles.

FAUSTINE.

Comme tous les sublimes rêveurs, vous ne connaissez pas le monde. Vous reviendrez à d'autres idées quand vous le connaîtrez.

FONTANARÈS.

Madame...

FAUSTINE.

Vous me devez une visite pour faire oublier la première. Je vous attends chez moi.

QUINOLA.

Monsieur, acceptez toujours, vous verrez après... pour Marie.

FONTANARÈS.

J'irai, madame.

MONIPODIO.

Ils s'arrangent, et nous?

QUINOLA.

Imbécile! ils s'arrangent pour nous.

HUITIÈME TABLEAU

SCÈNE PREMIÈRE

PAQUITA, FAUSTINE.

PAQUITA.

Madame, vos ordres sont exécutés. La señorita Lothundiaz vient d'apprendre par Monipodio le danger qui menace le seigneur Fontanarès.

FAUSTINE.

C'est bien, faites prévenir le Comte Sarpi. (Paquita sort.)

SCÈNE II

FAUSTINE, seule.

Voici donc l'heure à laquelle ont tendu tous mes efforts depuis quatorze mois. Dans quelques moments, Fontanarès verra Marie à jamais perdue pour lui, il me verra maîtresse de sa destinée. Nous avons endormi le génie et amené l'homme à la veille de son expérience les mains vides. Le voilà bien à moi comme je le voulais ! à moi? est-ce bien vrai? vais-je enfin recueillir le fruit de cette lutte désespérée? Revient-on du mépris à l'amour ! Non, jamais ! L'abîme qui les sépare, il faut le combler par un autre sentiment, fût-ce par la haine. Qu'il me haïsse donc, mais qu'il apprenne ce que j'ai fait contre lui pour l'arracher à une autre ; qu'il sache enfin combien en déchirant son cœur, j'ai torturé le mien. A la profondeur de nos blessures, il pourra mesurer la profondeur de mon amour. Oui, mieux vaut mille fois la haine que le mépris. La haine n'est pas le contraire, mais l'envers de l'amour. Il saura tout, je me ferai haïr... Il finira par m'aimer !

SCÈNE III

FAUSTINE, SARPI.

FAUSTINE.

Ah ! Sarpi !

SARPI.

Tout est prêt ! Lothundiaz est prévenu, et on nous attend à minuit au couvent des Dominicains, pour la célébration du mariage.

FAUSTINE.

A merveille !

SARPI.

Oui, mais comment obtenir le consentement de Marie ?

FAUSTINE.

Si, dans une heure, Fontanarès n'a pas quitté Barcelone, vous le ferez arrêter.

SARPI.

Ici ?

FAUSTINE.

Ici !

SARPI.

Et après ?

FAUSTINE.

Comment, vous ne comprenez pas ? Marie acceptera tout en le voyant entre les mains de la justice.

SARPI.

C'est décisif !

FAUSTINE.

Voici l'ordre du vice-roi, veillez à ce qu'il soit exécuté, dès que je vous en donnerai le signal.

SARPI.

Il sera sévèrement exécuté !

SCÈNE IV

FAUSTINE, FONTANARÈS.

FAUSTINE.

Seigneur Fontanarès, je vous remercie d'avoir tenu votre parole.

FONTANARÈS.

Madame, c'était un devoir, j'ai à réparer envers vous...

FAUSTINE.

Tout est oublié, et si j'ai désiré votre présence, c'est pour vous le prouver.

FONTANARÈS.

Je serais bien heureux, madame, de croire à la sincérité de ces paroles.

FAUSTINE.

Je comprends votre défiance, elle est d'ailleurs fondée, vous êtes entouré de périls et...

FONTANARÈS.

Je le sais, madame.

FAUSTINE.

Ces périls, je peux seule vous les faire éviter.

FONTANARÈS.

Vous, madame ! Vous qui...

FAUSTINE.

Oui, moi. Un affreux malheur vous menace. Votre justification ne vous a pas sauvé, vos ennemis vous accusent d'avoir irréparablement compromis le vaisseau que vous préparez pour votre expérience. Vous êtes donc sous le coup d'une accusation capitale.

FONTANARÈS.

Comment? Au moment du succès!

FAUSTINE.

On le fera échouer. En sortant d'ici, vous serez arrêté, jeté dans une prison et votre procès commencera pour ne jamais finir.

FONTANARÈS.

Oh !

FAUSTINE.

Eh bien, je veux vous sauver, vous et votre gloire, vous et votre fortune !

FONTANARÈS.

Comment ?

FAUSTINE.

Avaloros a mis à ma disposition un de ses navires. Monipodio m'a donné ses meilleurs contrebandiers, allons à Venise. La république vous fera patricien et vous donnera dix fois plus d'or que l'Espagne ne vous en a promis.

FONTANARÈS.

Et qui me garantit l'effet de ces promesses?

FAUSTINE.

Mon départ avec vous.

FONTANARÈS.

Oui ! Abandonner Marie !

FAUSTINE.

Eh ! Marie n'existe plus pour vous!

FONTANARÈS.

Elle est fidèle à mon amour, comme je suis fidèle au sien.

FAUSTINE.

Quoi ! vous pensez à elle au moment où il vous faut choisir entre la vie et la mort.

FONTANARÈS.

Mon choix est fait !

FAUSTINE.

Vous refusez.

FONTANARÈS.

Oui.

FAUSTINE.

Mais, malheureux ! si vous persistez, nous sommes perdus!

FONTANARÈS.

Nous, madame?

FAUSTINE.

Vous êtes perdu!

SCÈNE V

LES MÊMES, SARPI, DES GARDES à toutes les portes, UN ALCADE.

SARPI.

Faites votre devoir.

L'ALCADE.

Seigneur Fontanarès, au nom du roi, je vous arrête.

FONTANARÈS.

Voici l'heure suprême... J'emporte mon secret à Dieu et j'ai pour linceul mon amour... Allons !

SCÈNE VI

LES MÊMES, MARIE, LOTHUNDIAZ.

MARIE.

On ne m'a donc pas trompée, vous êtes la proie de vos ennemis.

FONTANARÈS.

Ils peuvent me briser, ils ne me feront pas plier.

MARIE.

Ce n'est pas à vous de fléchir, c'est à moi, je saurai me sacrifier.

FONTANARÈS.

Vous, Marie; mais c'est impossible !

MARIE.

Tu m'aimes donc mieux que la gloire ?

FONTANARÈS.

Plus que la vie !

MARIE.

Oh! ta vie ne t'appartient pas, tu me l'as donnée, je veux qu'elle soit consacrée à ton œuvre.

FONTANARÈS.

Marie !

MARIE.

Je le veux. Mon père et vous, comte Sarpi, consentez-vous à donner tout ce qu'exige l'entreprise du seigneur Fontanarès ? A ce prix, je vous obéirai !

FAUSTINE, à part.

Elle est à moi ! (Haut.) Une telle grandeur d'âme!...

MARIE.

Je me dévoue, madame.

SARPI.

Vous avez publiquement accusé la vice-royauté de Cata
logne de faire mentir les promesses du roi d'Espagne, voici
sa réponse : Une ordonnance qui vous accorde un an pour
réaliser votre entreprise.

FONTANARÈS.

Je n'accepte pas !

MARIE.

Ami, le ciel est jaloux des amours parfaites, il nous dit
par ces cruels événements que nous appelons des hasards
qu'il n'est de bonheur que près de Dieu. Toi, sublime inventeur, tu auras les obligations de la grandeur, les combats de
ton ambition légitime... Cette lutte occupera ta vie, tandis
que je m'éteindrai lentement et obscurément, mais résignée
en contemplant ta gloire qui sera mon œuvre et en priant
pour toi.

FONTANARÈS.

Moi ! vivre sans toi ?

MARIE.

Ne dois-je pas vivre avec ton bourreau ?

FONTANARÈS.

Adieu, je vais mourir !

MARIE.

Triomphe! Nous mourrons après !

FONTANARÈS.

Je triompherai !

MARIE.

Adieu !

FONTANARÈS.

Adieu !

MARIE.

Adieu! adieu! (Elle sort.)

SCÈNE VII

FAUSTINE, FONTANARÈS.

FAUSTINE.

Pourquoi n'êtes-vous pas aussi grand que votre pensée ?
N'y a-t-il donc qu'une femme dans le monde ?

FONTANARÈS.

Eh ! croyez-vous, madame, qu'un homme arrache un pareil amour de son cœur, comme une épée de son fourreau ?

FAUSTINE

Qu'une femme vous aime et vous serve, je le conçois.
Mais aimer, pour vous, c'est abdiquer. Tout ce que les plus
grands hommes ont tous et toujours souhaité : la gloire, les
honneurs, la fortune, et plus que tout cela !... une souve-
raineté au-dessus des renversements populaires, celle du
génie ; voilà le monde des César, des Lucullus et des Luther
devant vous !... Et vous avez mis entre vous et cette magnifique existence, un amour digne d'un étudiant d'Alcala.
Né géant, vous vous faites nain à plaisir. Mais un homme
de génie a, parmi toutes les femmes, une femme spéciale-
ment créée pour lui. Cette femme doit être une reine aux
yeux du monde, et pour lui une servante, souple comme les
hasards de sa vie, gaie dans les souffrances, prévoyante dans
le malheur comme dans la prospérité ; surtout indulgente à
ses caprices, connaissant le monde et ses tourments péril-
leux, capable enfin de ne s'asseoir dans le char triomphal
qu'après l'avoir traîné.

FONTANARÈS.

Et cette femme ?

FAUSTINE.

C'est moi ; oh ! ne me démens point. J'ai tout conquis de
toi, ne me refuse pas ton cœur. Tu n'auras jamais d'amour
plus dévoué, plus soumis, plus intelligent.

FONTANARÈS.

Votre amour ! Comment donc haïssez-vous ?

FAUSTINE.

Que d'amour dans cette fausse haine ! N'as-tu donc pas
été réveillé par une larme, cette perle de mon repentir, tom-
bée de mes paupières durant ton sommeil, quand je t'admi-
rais, toi, mon martyr adoré.

FONTANARÈS.

Eh ! il n'est qu'une femme au monde pour moi, c'est
Marie !

FAUSTINE.

Marie ! mais cette enfant t'a-t-elle su défendre ? a-t-elle
deviné sa rivale ? Celle qui t'a laissé conquérir, celle qui se
résigne à te perdre est-elle digne de te garder ?

FONTANARÈS.

Comment n'être pas fidèle à cet inépuisable amour qui, par
trois fois est venu me secourir, me sauver, et qui, n'ayant
plus qu'à s'offrir lui-même au malheur, s'immole d'une main
en me tendant de l'autre l'honneur, la gloire, la vie.

FAUSTINE.

Ta vie, ta gloire, ton honneur sont en mes mains.

FONTANARÈS.

Non, je suis seul l'arbitre de ma destinée et maître de reconstituer mon œuvre.

FAUSTINE.

Ton œuvre, enfant, mais elle n'est pas dispersée. Mathieu Magis l'a achetée pour moi, je la tiens ici sous mes pieds, dans mon palais.

FONTANARÈS.

Comment, c'est toi ! Vénitienne maudite !

FAUSTINE.

Oui, j'ai tout conduit, et Magis, et Sarpi, et les créanciers.

FONTANARÈS.

Marie ! Marie !

FAUSTINE.

Eh ! Marie n'est plus entre nous.

FONTANARÈS.

Que veux-tu dire, malheureuse ! (On entend des cloches.)

FAUSTINE.

Entends-tu, à cette heure Marie est perdue pour toi, elle se donne à un autre, et tu m'appartiens.

FONTANARÈS.

Non ! tu n'es pas une femme !

FAUSTINE.

Ah ! il y a plus qu'une femme dans une femme qui aime ainsi.

FONTANARÈS.

Et comme tu n'es pas une femme, je puis te tuer.

FAUSTINE.

Pourvu que ce soit de ta main.

FONTANARÈS.

Ah ! (Il se précipite sur elle.)

FAUSTINE.

Eh bien, qu'attends-tu donc ?

FONTANARÈS.

Je cherche un supplice aussi grand que ton crime.

FAUSTINE.

Y a-t-il des supplices pour une femme qui aime !

FONTANARÈS.

Tu m'aimes, Faustine, suis-je bien toute ta vie ?

FAUSTINE.

Toute ma vie !

FONTANARÈS.

Mes douleurs sont-elles bien tes douleurs ?

FAUSTINE.

Éprouve-moi.

FONTANARÈS.

Eh bien, je tiens ma vengeance.

FAUSTINE.

Ah ! tu veux mourir.

FONTANARÈS.

Et c'est toi qui m'auras tué.

FAUSTINE.

Oh !

FONTANARÈS.

Ma vie est menacée, je vais la livrer au bourreau.

FAUSTINE.

Non, non, tu ne feras pas cela.

FONTANARÈS.

Du même coup, l'âme de Marie et la mienne s'envoleront
au ciel.

FAUSTINE.

Alfonso, à tes pieds !

FONTANARÈS.

Laisse-moi !

FAUSTINE.

Non !

FONTANARÈS.

Eh ! laisse-moi, te dis-je, courtisane infâme, laisse-moi !

SCÈNE VIII

Les Mêmes, FRÉGOSE, QUINOLA.

FRÉGOSE.

Misérable ! si je ne te passe pas mon épée au travers du
corps, c'est pour te faire expier plus chèrement cette insulte.

FAUSTINE.

Don Frégose, j'aime cet homme, qu'il fasse de moi son
esclave ou sa femme, mon amour doit le protéger.

FRÉGOSE.

Madame ..

FONTANARÈS, apercevant Quinola.

Ah ! viens-tu me trahir aussi, toi.

QUINOLA.

Vous trahir ! ah ! monsieur, je ne suis qu'un valet.

FONTANARÈS.

Eh bien ?

QUINOLA.

Monipodio et moi nous avons fabriqué en double une machine, elle est cachée dans une cave, elle est à vous.

FAUSTINE.

Tu as fabriqué une...

QUINOLA.

Deux, madame, en cas de malheur.

FAUSTINE.

De quel démon t'es-tu donc servi ?

QUINOLA.

Des trois enfants de Job : Silence, Patience et Constance.

FONTANARÈS.

Ah ! un ami véritable rend le désespoir impossible. (Il
embrasse Quinola.) — (A Frégose.) Monseigneur, écrivez au roi,
bâtissez sur le port un amphithéâtre pour deux cent mille
spectateurs ; dans dix jours, j'accomplis ma promesse, et
l'Espagne verra marcher un vaisseau par la vapeur, contre
les vagues et le vent. J'attendrai une tempête pour la
dompter.

SCÈNE IX

FAUSTINE, FRÉGOSE.

FAUSTINE.

Je veux me venger, m'aiderez-vous ?

FRÉGOSE.

Oui, nous le perdrons.

FAUSTINE.

Ah ! vous m'aimez quand même, vous !

ACTE CINQUIÈME

NEUVIÈME TABLEAU

La terrasse de l'hôtel de ville de Barcelone, de chaque côté duquel
sont des pavillons. La terrasse qui donne sur la mer est terminée
par un balcon régnant au fond de la scène. On voit la haute mer,
les mâts du vaisseau du port. On entre par la droite et par la
gauche. Un grand fauteuil, des sièges et une table se trouvent à
la droite du spectateur. On entend le bruit des acclamations d'une
foule immense. Faustine regarde, appuyée au balcon, le bateau à
vapeur. Lothundiaz est à gauche, plongée dans la stupéfaction ;
don Frégose est à droite avec le secrétaire qui a dressé le procès-
verbal de l'expérience. Le grand inquisiteur occupe le milieu de la
scène.

SCÈNE PREMIÈRE

AVALOROS, LOTHUNDIAZ, FRÉGOSE, FAUSTINE,
MATHIEU MAGIS, COPPOLUS. ESTEBAN, GIRONE.

Le bateau à vapeur a marché. Bravos et applaudissements de la foule.

AVALOROS, à Lothundiaz.

C'est superbe ! J'avais raison de vouloir traiter avec cet
artisan.

LOTHUNDIAZ.

J'aurais dû lui donner ma fille !

MATHIEU MAGIS.

J'aurais dû lui laisser mon argent.

FRÉGOSE.

Messieurs, voilà un beau jour pour la Catalogne, pour
l'Espagne.

LE GRAND INQUISITEUR.

Et l'Espagne vous remercie, don Frégose. Sans vous, la
nouvelle invention eût avorté. En donnant à don Ramon la
direction de l'entreprise, vous en avez assuré le succès.

FRÉGOSE.

Don Ramon !

LE GRAND INQUISITEUR.

C'est lui qui a tout fait, don Frégose, le roi a voulu récompenser d'une façon éclatante un si grand service ; don Frégose, Sa Majesté vous donne la vice-royauté du Pérou.

FRÉGOSE, s'inclinant.

Je n'oublierai jamais un tel honneur, et ma reconnaissance envers le saint-office...

LE GRAND INQUISITEUR.

Il y compte ; il faut que l'inventeur soit dépouillé pour étouffer cette funeste invention. (Haut.) Don Frégose, vous complimenterez don Ramon au nom du roi.

FRÉGOSE.

Je m'acquitterai avec joie de ce devoir.

LE GRAND INQUISITEUR.

Seigneur Lothundiaz, le roi vous a fait comte.

LOTHUNDIAZ.

Un tel honneur !

LE GRAND INQUISITEUR.

Comte Lothundiaz, en qualité de premier magistrat municipal de la ville de Barcelone, vous offrirez une couronne d'or à don Ramon ; messire Coppolus, vous lui en présenterez une d'argent au nom des commerçants. C'est l'ordre du roi ! (cris) et c'est le vœu du peuple tout entier !

SCÈNE II

LES MÊMES, DON RAMON, FONTANARÈS.

LA FOULE.

Vive don Ramon !

FRÉGOSE.

Don Ramon, au nom du roi d'Espagne, de Castille et des Indes, je vous adresse les félicitations dues à votre beau génie !

DON RAMON.

Après tout, je suis la tête, l'autre n'est que la main... L'idée est au-dessus du fait. (A la foule.) Dans un pareil moment, la modestie serait injurieuse pour les honneurs que j'ai conquis par mes veilles ; qu'il me soit donc permis de me montrer fier du succès.

LOTHUNDIAZ.

Au nom de la ville de Barcelone, don Ramon, j'ai l'honneur de vous offrir cette couronne due à l'auteur d'une invention digne de l'immortalité.

DON RAMON.

C'est avec un sensible plaisir que je vois l'Espagne et la Catalogne comprendre l'avenir de la vapeur.

TOUS.

Vive don Ramon !

FONTANARÈS.

Est-ce un rêve ?

COPPOLUS.

Au nom des commerçants de la Catalogne, don Ramon, je viens vous prier d'accepter cette couronne d'argent, gage de leur reconnaissance pour une découverte, source d'une nouvelle prospérité.

DON RAMON.

J'accepte, à la condition de partager cet honneur avec le courageux artisan qui m'a si bien secondé dans mon entreprise.

TOUS.

Vive don Ramon !

FONTANARÈS.

C'en est trop. Avancez, mes ouvriers. Entrez, fils du peuple, dont les mains ont élevé mon œuvre, donnez-moi le témoignage de vos sueurs et de vos veilles ! Vous qui n'avez reçu que de moi les modèles, parlez : qui de don Ramon ou de moi créa la nouvelle puissance que la mer vient de reconnaître ?

ESTEBAN.

Ma foi ! sans don Ramon, vous eussiez été dans un fameux embarras.

MATHIEU MAGIS.

Il y a deux ans, nous en causions avec don Ramon, qui me sollicitait de faire les fonds de cette expérience.

FONTANARÈS, à Frégose.

Monseigneur, quel vertige a saisi le peuple et les bourgeois de Barcelone ? J'accours au milieu des acclamations qui saluent don Ramon, moi, tout couvert des glorieuses marques de mon travail, et je vous vois immobile, sanctionnant le vol le plus honteux qui se puisse consommer à la face du ciel et d'un pays !... (Murmures.) Seul, j'ai risqué ma tête. Le premier, j'ai fait une promesse au roi d'Espagne, seul je l'accomplis, et je trouve à ma place don Ramon, un ignorant! (Murmures.)

FRÉGOSE.

Un vieux soldat ne se connaît guère aux choses de la science, et doit accepter les faits accomplis. La Catalogne entière reconnaît à don Ramon la priorité de l'invention, et tout le monde ici déclare que sans lui vous n'eussiez rien pu faire; mon devoir est d'instruire Sa Majesté le roi d'Espagne de ces circonstances.

FONTANARÈS.

La priorité! oh! une preuve?

LE GRAND INQUISITEUR.

Elle est dans les œuvres de don Ramon.

DON RAMON.

Ah! jeune homme, vous aviez donc lu mes traités?...

FONTANARÈS, à part.

Oh! toute ma gloire pour une vengeance!

SCÈNE III

LES MÊMES, QUINOLA.

QUINOLA.

Une vengeance, monsieur! ah! elle ne sera jamais assez éclatante.

FONTANARÈS.

Quinola, je suis dépouillé! quel coup terrible!

QUINOLA.

Hélas! monsieur, ce n'est pas le plus cruel.

FONTANARÈS.

Que veux-tu dire?

QUINOLA.

Marie est morte, monsieur, son dernier vœu, comme son dernier soupir, a été pour vous.

FONTANARÈS.

Ah! je remercie Dieu de ne pas l'avoir rendue témoin de ce dernier désastre. Puisse-t-il maintenant être complet?

QUINOLA.

Hélas! monsieur, pendant qu'on vous dépouille ici de votre gloire, là-bas votre œuvre est menacée.

FONTANARÈS.

Comment?

QUINOLA.

Monipodio, maître du navire avec une bande de démons, veut le couler si vous ne lui assurez dix mille sequins. Je lui ai laissé croire que j'entrais dans ses projets, et il m'a promis d'attendre votre décision, et si vous n'acceptez pas, à mon signal, il fera sauter le vaisseau!

FONTANARÈS.

Quinola, il ne me reste plus qu'à sauver mon honneur.

QUINOLA.

La poire était trop belle, mais au moins ils ne la mangeront pas !

FONTANARÈS.

Monseigneur, laissons de côté la question de priorité. Il me suffit que le procès-verbal de l'expérience constate le succès et qu'il contienne aussi ma justification auprès du roi, notre maître, et devant l'Espagne mon pays.

FRÉGOSE.

Voici le procès-verbal.

FONTANARÈS.

Vous reconnaissez que j'ai accompli ma promesse ?

FRÉGOSE.

Oui, avec l'aide de don Ramon.

FONTANARÈS.

Eh bien, don Ramon a fait le prodige, il pourra le recommencer... Océan, que je voulais dompter, je ne trouve donc que toi pour protecteur. Tu vas garder mon secret jusque dans l'éternité... Que le prodige, œuvre de mes efforts, soit anéanti. (Explosion, fumée.)

LA FOULE.

Ah !

FONTANARÈS.

Je suis vengé ! (On sort.)

SCÈNE IV

FAUSTINE, FONTANARÈS, QUINOLA.

FAUSTINE.

Alfonso, je vous ai fait bien du mal !

FONTANARÈS.

Marie est morte, madame, je ne sais plus ce que veulent dire les mots mal ou bien.

FAUSTINE.

Voulez-vous m'accorder votre pardon ?

FONTANARÈS.

Ce mot est aussi effacé de mon cœur.

FAUSTINE.

Acceptez mon dévouement, je vous servirai !

FONTANARÈS.

Vous ?

FAUSTINE.

Aveuglément !

FONTANARÈS.

Non ! O monde des intérêts, de la ruse, de la politique et des perfidies, à nous deux, maintenant !

QUINOLA.

Et moi, monsieur ?

FONTANARÈS.

Toi, tu es le seul pour lequel il y ait encore une place dans mon cœur. (A Faustine.) Je ne vous connais plus ! adieu !

FAUSTINE.

Non, pas adieu, Fontanarès, tu l'as dit en pleine place publique. Les hommes insultent ce qu'ils doivent plus tard adorer !

FONTANARÈS, à Quinola.

Viens !

QUINOLA.

Où ?

FONTANARÈS.

En France !

QUINOLA.

Partons promptement, je connais l'Espagne, et l'on doit y méditer votre mort. Les ressources de Quinola sont au fond de l'eau. Daignez excuser nos fautes, nous ferons sans doute beaucoup mieux à Paris. Décidément, je crois que l'enfer est pavé de bonnes inventions.

FIN

Imprimerie L. TOINON et Cie, à Saint-Germain.